Hilda

Meine Großmutter,
der Nationalsozialismus und ich

Irmgard Kramer

Hilda

Meine Großmutter, der Nationalsozialismus und ich

Erbschaft einer Stadt.
Schriften des
Stadtmuseums Dornbirn

Band 1

FALTER VERLAG

Impressum

Erbschaft einer Stadt. Schriften des Stadtmuseums Dornbirn
Band 1

Herausgeber: Stadtmuseum Dornbirn
Autorin: Irmgard Kramer
Historische Recherche: Barbara Motter, Severin Holzknecht
Herausgeberin: Petra Zudrell
Lektorat: Ewald Schreiber
Fotos: privat
Grafik und Layout: Marion Großschädl, Nadine Weiner
Druck: Florjančič tisk d.o.o., SL 2000 Maribor

FSC www.fsc.org MIX Aus verantwortungsvollen Quellen FSC® C106954

3. Auflage 2024

ISBN 978-3-85439-734-2

1011 Wien, Marc-Aurel-Straße 9
T: +43/1/536 60-0
E: bv@falter.at, service@falter.at
W: faltershop.at

Mit Unterstützung von:

DORNBIRN

ZukunftsFonds der Republik Österreich

Wir haben bei diesem Buch im Sinne der Umwelt auf die Verpackung mit Plastikfolie verzichtet.

Inhalt

Irmgard Kramer ist mein Name.
Ich wurde 1969 geboren, bin in Dornbirn aufgewachsen, lebe in Wien und schreibe vor allem Kinderbücher, Jugendromane und Auftragsarbeiten für Magazine. Historikerin bin ich keine. Dies ist keine wissenschaftliche Arbeit, sondern ein persönlicher Versuch, mich im Auftrag des Stadtmuseums Dornbirn mit den Opfern des Nazi-Terrors und mit der Stimmung in der Stadt während des NS-Regimes auseinanderzusetzen. Ich möchte verstehen, was damals passiert ist. Dafür habe ich die Arbeiten von Historikerinnen und Historikern, Tagebücher, Briefe und Berichte herangezogen. Mein Vater, Hermann Kramer, stand mir mit seinen Erinnerungen und Aufzeichnungen hilfreich zur Seite.

Hilda war meine Großmutter.
Sie lebte von 1900 bis 1990 in Dornbirn.
Ich bin ihr während der Recherche zu dieser Arbeit in fast jedem Kapitel begegnet.
Sie war – wie ich erkennen musste – in keinerlei Hinsicht die Frau, für die ich sie gehalten habe.
Sie soll stellvertretend für unsere Großeltern und Urgroßeltern stehen, die während der Kriegsjahre am Anfang des zwanzigsten Jahrhunderts gelebt haben.

Regina Pscheid (links) mit ihrer Nichte Helga Luger und der noch unverheirateten Tochter Hilda (rechts)

Vorwort

April 2021. Ich komme mir vor wie eine Zimmerpflanze, die im Dunkeln vor sich hinvegetiert und die man vergessen hat zu gießen. Ewiger Lockdown. Ewiger Winter. Tage und Wochen verschwimmen. Wie schön wär's jetzt am Bödele. Langlaufen im Fohramoos. Mit Fellen über die Langwies. Stattdessen sitze ich im finsteren Erdgeschoß im 18. Wiener Gemeindebezirk und schreibe vor mich hin. Einsatzfahrzeuge donnern über den Gürtel beim AKH. Vor meinem Fenster dreht ein Fiaker zweimal täglich seine Runden. Tourist sitzt keiner in der Kutsche. Der Stall ist um die Ecke und die Pferde müssen bewegt werden. Aus dem Mundwinkel des Kutschers hängt eine Zigarette. Seine Schultern sind vornübergebeugt. Sein Kopf baumelt tief. Ist es wahr, dass die Fiaker jetzt im Lockdown ihre Pferde schlachten müssen, weil sie sich das Futter nicht mehr leisten können? Da klingelt mein Handy: Stadtmuseum Dornbirn.

Ob ich Lust hätte, einen Text zu den Opfern des Nationalsozialismus auf dem Gedenkstein zu schreiben. Gedenkstein? Was für ein Gedenkstein? Ja, ich glaube, ich hab' einmal irgendein graues Ding gesehen. Aber was draufsteht? Keine Ahnung. Das sage ich natürlich nicht, stattdessen versuche ich zu verstehen, worum es bei dem Projekt geht.

Ich soll, ausgehend von öffentlichen Orten (Rathaus, Marktplatz, Marktstraße, BG Dornbirn, Sägerbrücke und Spital), Einzelschicksale erzählen und diese verknüpfen mit den Themen Macht, politische Verfolgung, Propaganda, Widerstand, Judenverfolgung, Hitlerjugend und BDM, Schule und Nationalsozialismus, Arbeiterschaft, Euthanasie, Zwangssterilisierung und Abtreibungen. Bisschen viel, finde ich.

Aber der Fiaker ist noch nicht um den Block gebogen, da weiß ich schon, dass ich den Auftrag annehmen werde, dass mich diese Arbeit komplett überfordern wird, dass ich mich verfluchen werde, zugesagt zu haben, dass mich das Projekt an meine Grenzen bringen wird und dass ich es trotzdem machen muss.

Josef Kramer (vorne) und Hilda Pscheid

Ich will wissen, wie es war im nationalsozialistischen Dornbirn, und freiwillig würde ich mich jetzt nicht mit diesem Thema befassen. Wer liest schon gern über all die Gräuel bis hin zur Ermordung behinderter Kinder? Ich habe Angst vor dem, was mir auf meiner Zeitreise begegnen wird. Wird mein lieb gewonnenes Bild von meiner Heimatstadt zerstört werden?

Wohl kaum.

In Dornbirn war das sicher nicht so schlimm. Ganz sicher nicht. Ich meine, bitte, wir sind in Dornbirn, nicht in Wien oder Berlin. Wir sind nicht so. Meine Dornbirner Oma Hilda, tief verwurzelt in Dornbirn, war bestimmt nicht so. Die halbe Kehlerstraße, von der Eisengasse bis zum Fallenberg, ist mit uns verwandt, was mich hoffen lässt, dass die ähnlich denken wie ich. Meine Ururgroßeltern, meine Urgroßeltern, meine Großeltern, mein Vater, meine Schwestern und ich, Neffen und Nichten, wir alle wuchsen in der Kehlerstraße 25 auf, in einem Häuschen gegenüber der Benedikt-Mäser-Elastisana-Fabrik, die zum Kehlerpark wurde. Wir sind nette, anständige Leute. Wir sammeln unseren Müll und fahren mit dem Rad zur Arbeit. Wir wollen niemandem etwas Böses. Wir glauben an Gott oder etwas in der Art. Wir pflegen unsere Hochbeete und retten Schwalbenjunge, die aus dem Nest fallen. Wir opfern uns für unsere Mütter und Schwiegermütter auf. Wir spenden fürs Rote Kreuz, arbeiten in der Lebenshilfe und im Mobilen Hilfsdienst. Wenn Flüchtlinge kommen, bringen wir ihnen Deutsch bei und schaffen es sogar – al-Hamdu li-Llah (Gott sei Dank) –, als Gegenleistung frisches Fladenbrot entgegenzunehmen. Was für unsereins nicht leicht ist. Nicht, weil uns Fladenbrot nicht schmeckt, sondern weil wir uns schwertun, etwas anzunehmen. Das Geben fällt uns leichter. Werden wir beschenkt, müssen wir beteuern, dass das aber wirklich nicht nötig gewesen wäre.

Abgesehen von unseren Einfamilienhäusern, Trampolins, E-Bikes, Swimmingpools, Garagen und Rasenmähern leben wir sehr bescheiden. Wir arbeiten für unseren Wohlstand und

Anna Pscheid links hinten, neben ihr Herr Jucker und Hilda Pscheid, vorne links Frau Jucker-Pscheid und Robert Pscheid sind, alles in allem, schwer in Ordnung. So schlimm wird das also bei uns nicht gewesen sein in der NS-Zeit.

Meine Oma Hilda Kramer war von Jugend an, nach einer Mittelohrentzündung, die sie sich in einer Dornbirner Kirche geholt hatte, schwerhörig. Sie war still, außer ihr Hörgerät pfiff. Im Alter ein „Patscherl“. Ich habe sie nie richtig ernst genommen. Mit Kindern wusste sie nicht umzugehen. Obwohl sie sehr alt wurde, und ich schon fast erwachsen war, als sie starb, kannte ich sie kaum. In den 1980er-Jahren stand sie verzweifelt in der Wahlkabine und fragte, ob sie immer noch den Hitler wählen müsse. Nein, Oma, muss man nicht. Brave Oma. Ihr Mann, mein Opa Josef Kramer, baute Möbel und war sicher nicht politisch. Mit den Nationalsozialisten hatten die beiden nichts am Hut, dachte ich.

Die Rolle des Ober-Nazis in meiner Familie war von meinem Opa mütterlicherseits, Leopold Pum aus Bischofshofen, besetzt. In meiner Generation hat jeder mindestens einen Nazi-Opa. Da braucht man sich nichts denken. Das ist normal. Irgendwer muss diesen Krieg ja ausgefochten und all die Unschuldigen umgebracht haben.

Opa Leopold nimmt mehr Aufmerksamkeit in Anspruch, als mir lieb ist. Seit Jahrzehnten geistert er durch mein Leben und durch das seiner inzwischen betagten Kinder. Alle drei sollten zu Hitlers Geburtstag zur Welt kommen. Bei meiner Mutter hat es geklappt. Am 20. April 1942, als mein Opa Leopold Bürgermeister von Bischofshofen war, marschierte die Blaskapelle auf. Die Hebamme trat auf den Balkon und verkündete: „A Mäderl is.“ Da zog die Kapelle wieder ab. Ohne zu blasen. So etwas wirkt. Lange. Ein Leben lang. Hinein in die nächste Generation. Mittlerweile beginnt die vierte Generation an Leopold zu knabbern. Sein Nachlass hat schon rein kubikmetermäßig ein beängstigendes Ausmaß. Seine Gemälde hängen in unseren Wohnungen. Sein Schmuck ziert unsere Finger. Mit seinen Nazi-Devotionalien aus kiloschweren Bronzestatuen samt Hakenkreuzen und allem Pipapo könnten wir im Darknet auf Neonazi-Foren ein Vermögen machen. Wir haben das ganze Zeug mit einer Unmenge an Briefen, einer mehrhundertseitigen Autobiografie und Kriegstagebüchern, einen großen Wagen voll, dem Salzburger Landesarchiv vermacht. Jetzt sind wir die Last los. Äußerlich zumindest.

Warum all das Gewühle in der Vergangenheit? Um uns selbst kennenzulernen? Um herauszufinden, welcher Anteil unserer Persönlichkeit uns gehört und was den Altvorderen? Um dann die Bande kappen und ein unabhängiges Leben führen zu können?

Nach dem Krieg schlugen wir den Deckel drauf und hofften, dass der faulige, brodelnde Sumpf von selbst abkühlen würde. Aber wie hoch ist die Halbwertszeit von Verbrechen gegen die Menschlichkeit? Geht das von selbst weg? Oder muss man – einmal wenigstens – hinsehen?

Wie wäre es mir damals ergangen?

Wie hätte ich mich verhalten?

Wie hättest du dich verhalten?

Würdest du auch gern hin und wieder verschwinden? In welches Jahr würdest du reisen? Wem möchtest du begegnen und wem lieber nicht? Was wäre, wenn im Stadtmuseum eine Zeitmaschine stünde, ein altes Sofa mit Baldachin und Schalthebeln, ein Hebel für die Fahrt in die Vergangenheit, einer für die Fahrt in die Zukunft?

Ich will verstehen und wähle für einen ersten Zwischenstopp den 10. August 1881. Sechs Uhr früh. Zielort: Bahnhof Dornbirn.

Ich trage mein schönstes Sommerkleid, einen Blumenkranz im Haar, halte mein Taschentuch bereit und stelle mich auf die Zehenspitzen, um den Dampf als Erstes zu sehen. Wir erwarten hohen Besuch. Kaiser Franz Joseph kommt mit einem Sonderzug.

In der Monarchie dampft es aus allen Rohren. Mehlspeisen aus Wien werden durch ein Reich transportiert, in dem mehr als zehn Sprachen gesprochen werden, an all die mondänen Orte, in denen der Kaiser weilt und wo eine adlige und großbürgerliche Elite ihre heile Welt feiert, während es viele Völker unendlich satthaben, sich beherrschen und unterdrücken zu lassen, und endlich selbst bestimmen wollen.

Der Kaiser in seinem Sonderzug kann zufrieden sein. Der Bau des Arlbergtunnels geht voran. Sohn Rudolf ist frisch vermählt, und die Reiselust seiner Frau wird er auch noch in den Griff kriegen. Er hat gerade ein Jagdhaus für sie in Auftrag gegeben. Die Hermesvilla. Vielleicht verbringt Sisi dort endlich mehr Zeit mit ihm. Außerdem hat er gehört, dass sie bei Anna Sacher eine Torte gegessen haben soll. Ganz glauben kann er das nicht.

So ungefähr stelle ich mir das vor.

Da hinten dampft es. Hurra! Der prunkvolle Zug fährt ein. Kirchenglocken läuten. Böller krachen. Die Blasmusik spielt. Unser Bürgermeister Johann Georg Waibel begrüßt den Kaiser. Ich sehe den geschmückten Kutschen nach, die ins Gütle fahren. Dort besucht der Kaiser unsere Spinnerei, wo seit 1869 ein Brunnen fünfzig Meter in die Höhe spuckt. Der höchste in ganz Europa soll er sein. Für den hochwohlgeborenen Besuch haben sich die fortschrittlichen Fabrikanten mächtig ins Zeug gelegt und vor den Fabriktoren Triumphbögen errichten lassen. Eine der ersten Telefonanlagen der Monarchie wurde hier installiert. Von der Spinnerei im Gütle kann man jetzt mit dem Hauptbüro im Oberdorf telefonieren. Ein Augenzeuge berichtet: „Der Kaiser stieg gleich hinter der Triumpfpforte [sic!] vom Wagen, wurde daselbst von den Inhabern, den Herren Otto und Viktor Hämmerle, begrüßt und zuerst in das kleine Schreibzimmer geführt, in welchem sich der einige Tage vorher aufgestellte Telefonapparat befand. Es wurde dem Kaiser die Einrichtung des Apparates erklärt und derselbe ließ sich dann vom Oberdorfer Büro aus durch Herrn Baptist Hämmerle ansprechen. Zum Beweis, daß er den Sprechenden verstanden habe, wiederholte er den Umstehenden das Gehörte vollständig und zeigte sich sehr erfreut.“[1]

In der Speisekarte des Gasthof Gütle wird später stehen, dass der Kaiser anschließend eingekehrt sei. Man habe ihm seine Lieblingsspeise aufgetischt: klare Rindssuppe, Tafelspitz mit Salzkartoffeln und Gemüse. Zur Feier des Tages soll der Kaiser Champagner getrunken haben aus einer Flasche, die lange im Kaiserzimmer stehen wird.

So große Ereignisse passieren in unserem Dornbirn. Wo wir doch nur ein winziger Fleck in einem Imperium sind, das seit 600 Jahren existiert. Unser Kaiser herrscht nicht nur über viele Völker, die frei sein wollen. Auch Frauen wollen frei sein und wählen. Arbeiterinnen und Arbeiter wollen nicht mehr die Sklavinnen und Sklaven der Fabrikanten sein. Sie wollen Urlaub. Ein anständiges Gehalt. Das Volk begehrt auf. Die Sozialdemokratische Arbeiterpartei wird gegründet. Dem Kaiser und den Fabrikanten gefällt das gar nicht. Die Stimmung heizt sich auf.

Als 1914 in Serbien sein Neffe und Thronfolger erschossen wird, will der Kaiser den Serben ein für alle Mal zeigen, wer der Herrscher ist. So einfach wird das allerdings nicht, Er bittet den deutschen Kaiser um Hilfe.

Unsere Soldaten ziehen mit dem Deutschen Kaiserreich an der Seite in den Ersten Weltkrieg. Millionen sterben für den Kaiser. Trotzdem geht die Monarchie unter. Wir haben den Krieg angezündet und verloren. Wir sind schuld. Nun müssen wir bezahlen. Die Sieger England, Frankreich, Italien und die USA diktieren uns das Ergebnis: Wir müssen Böhmen, Mähren, Galizien, die Bukowina, Siebenbürgen, Kroatien, Bosnien-Herzegowina, Slowenien, Teile der Steiermark und Kärntens, Ungarn und, was am meisten schmerzt, Südtirol abgeben. Der Rest ist Österreich. Von einem Imperium mit 53 Millionen Menschen bleibt ein Zwergenland mit sechs Millionen übrig. Die Völker dürfen jetzt selbst bestimmen. Wir sind schockiert. Da kann die Blaskapelle noch so laut spielen. Wir fühlen uns hilflos, nicht lebensfähig, übrig geblieben wie das zerschossene Bein eines Soldaten auf dem Schlachtfeld. Wer sind wir denn jetzt?

In unserem kleinen Reststaat sprechen fast alle deutsch. Deswegen fühlen wir uns deutsch. Also wollen wir unser Land „Deutschösterreich“ nennen. Noch besser, wir schließen uns an die Deutsche Republik an. Aber die Sieger sind noch nicht fertig mit ihrem Diktat. Sie verbieten uns den Anschluss an Deutschland, und sie verbieten uns den Namen „Deutschösterreich". Das ist schlimm. Wir trauern. Wir sind empört. Das ist kein Friedensvertrag. Wir sind verstümmelt – innerlich und äußerlich. Wir demonstrieren und stimmen ab. 99 Prozent von uns wollen zu Deutschland gehören und fordern: „Ein Volk – ein Reich!"

Es ist 1921.

Wir denken groß. Schließlich haben wir in einem Imperium gelebt. Dorthin wollen wir zurück. Unsere Gesellschaft war von kriegerischen Männern geprägt. Die Soldaten kommen vom Schlachtfeld, geübt im Marschieren und im Gehorchen von Befehlen. Unsere Kaiserarmee hatte fast eine halbe Million Soldaten mit 25 000 Offizieren. Die Sieger erlauben uns nur noch ein winziges Berufsheer. Fast alle Offiziere werden pensioniert und entlassen, können nicht einmal ihre Familie ernähren. Ihr Leben im neuen Land beginnt mit Arbeitslosigkeit. Ihre Vorbilder, die alten Vaterfiguren, Kaiser und König, die Führer der Arbeiterbewegung, gibt es nicht mehr. Die Männer sind tief gekränkt. Oder in den Schützengräben verrückt geworden vor Angst. Kriegszitterer, Stumme und Blinde kommen zurück. Ihre Gehirne von Kugeln und Granatsplittern zerfetzt. 143 000 Kriegsinvalide. Die personifizierte Niederlage. Soldaten – verbittert, ausgegrenzt, verarmt, traumatisiert. Therapie? Gibt es nicht. Rente? Nur selten. Für ihr Leid machen sie die Adeligen und Offiziere verantwortlich. Die Kaiseruniform ist ihr neuer Feind. Aber die Welt der Offiziere ist auch untergegangen.

Eine Krise überlagert die nächste. Das kleine Österreich schaukelt wie eine dünne Eisscholle auf stürmischer See. Die Menschen sehnen sich nach alten Mustern zurück. Sie wollen heim in ein großes Reich. Dann marschieren die Nazis. Bevor sie an die Macht kommen, versucht es Engelbert Dollfuß mit einem „Ständestaat". Dollfuß besitzt mehrere Verdienstkreuze und Tapferkeitsmedaillen. Seine Kaiserschützenuniform legt er selten ab. Einmal Soldat, immer Soldat. 1933 schaltet er das Parlament aus und demontiert die Sozialdemokraten, wie es die Fabrikanten schon lange fordern. Wir rüsten uns für den Rachekrieg. Wir bilden eine Front gegen alle möglichen Feinde von innen und von außen.

Es wird wieder marschiert.

Ehemalige Offiziere erzählen vom Krieg. Aus ihrer Sicht. Sie veröffentlichen ihre Erinnerungen und machen aus Kriegsopfern Kriegshelden. Nie fragt sich irgendwer, ob wir richtig gehandelt haben. Da sitzt er nun, der reiche Fabrikant, der ehemalige Offizier, und die Kinder flehen ihn an: „Bitte, Vati, erzähl uns vom Krieg." Er lässt sich herab und schildert seine großen Abenteuer, während ihm die blond bezopften Kinder an den Lippen hängen und mit offenen Mündern und großen Augen zuhören. Vom Morden erzählt der Vati nichts. Während die Großen posaunen, hört den Soldaten und Kriegskrankenschwestern, die zu Zehntausenden im Einsatz waren, niemand zu. Sie sind allein mit ihren traumatischen Erlebnissen. Sie sehen in den Auslagen Buchdeckel, auf denen kaiserähnliche Männerfiguren mit hochgeschlossenen, dekorierten Krägen prangen und Buchtitel wie „Bravo, Herr Leutnant! Bravo, sechste Feldkompanie".

Bei den Aufmärschen sind die Offiziere in ihren Kaiseruniformen wieder da. Sündenböcke und Schuldige für die Niederlage 1918 hat man schnell gefunden. Im Zweifelsfall müssen die Juden herhalten. Sehr praktisch. War immer schon so. Ein vergifteter Brunnen im Mittelalter? Der Jude war's. Ein verlorener Krieg? Der Jude war's. Dass 30 000 Juden an unserer Seite für den Kaiser gestorben sind, vergessen wir einfach. Wir behaupten, sie hätten unser Land verraten und für den Feind spioniert. Wir behaupten einfach irgendwas. Fake News. Wen kümmert's? Funktioniert immer. War schon vor 2 000 Jahren so. Ist heute nicht anders. Nur die Medien ändern sich. Jeder kann irgendwas behaupten. Ist die Falschmeldung erst draußen, hat sie sich schon in unseren Köpfen festgesetzt. Sobald es für die Regierung ein bisschen eng wird, raten die Experten:

„Flood the zone with shit." Soll heißen: Überflute die Leute mit unsinnigem, hetzerischem, absurdem, faktenverdrehendem, aber für Ahnungslose glaubwürdigem Zeug. So lange, bis niemand mehr weiß, was die Fakten sind. In diesem Zustand extremer Desorientierung sind wir geneigt, populistischen Führern zu folgen.

Im März 1933 löst Dollfuß den Schutzbund der Sozialdemokraten auf. Im Mai verbietet er die Kommunistische Partei, im Juni die NSDAP. Von diesem Moment an sind die Nazis illegal.

Die Stimmung im Land ist so geladen, dass wir 1934 aufeinander losgehen. Bürgerkrieg in Österreich. Mehr als 300 Tote und 800 Verletzte in drei Tagen. Mitglieder der sozialdemokratischen Parteileitung fliehen. Dollfuß verbietet Gewerkschaften, schaltet das Parlament, die Parteien und die Demokratie aus. Die Erste Republik existiert nicht mehr. Nun gibt es nur politisch Legale und Illegale.

Am 1. Mai 1934 feiert Dollfuß einen Staat, in dem nur noch er regiert. Das Datum ist ein weiterer Schlag gegen die Sozialdemokratie – war der 1. Mai doch bisher der Tag der Arbeiterbewegung. Drei Monate später wird Dollfuß von Nationalsozialisten ermordet. An der Spitze der NS-Bewegung steht ein ehemaliger Gefreiter aus dem Ersten Weltkrieg. Sein Name: Adolf Hitler.

Wir sind nicht der einzige Staat, der das Heil in einer Diktatur sucht. Die Weltwirtschaftskrise überschattet alles. Aber kann uns eine Diktatur retten? Es wird Zeit für mich, weiterzureisen. Nächster Stopp: Rathaus Dornbirn. Von der Gegenwart in die Vergangenheit und zurück.

Hilda, Josef und Hermann Kramer (Vater der Autorin) im Kriegsjahr 1944

1. Das Rathaus und die Macht

Würde ich am Rathaus vorbei der Dr.-Waibel-Straße folgen, käme ich ins Oberdorf, wo ich neunzehn Jahre lang an der Volksschule unterrichtet habe. Mir hat es dort gefallen. In meiner Klasse trafen sich die Kinder aus den Fabrikantenvillen und die Kinder, die in „Kleinbosnien" in schäbigen Buden im Schatten lebten und deren Eltern im Akkord schichteten. Viele Kinder mit Migrationshintergrund wohnten am Weppach in der ehemaligen Webereifabrik der Firma Hämmerle. Immer wieder kam es vor, dass eine aufgeregte Mutter vom Zanzenberg herunterstöckelte und mich bat, ihrem Kind den Umgang mit einem Unterschichtkind zu verbieten. Und es kam vor, dass sich eine reiche, kluge Fabrikantenenkelin mit einem nicht so reichen, aber klugen türkischen Mädchen aus dem Weppach anfreundete und die Freundschaft bis ins Erwachsenenalter hielt.

Mit jeder dritten Klasse kam ich herunter zum Rathaus und blieb zunächst vor dem Denkmal von Bürgermeister Waibel stehen (der damals den Kaiser vom Bahnhof abgeholt hatte). Wir bekamen eine Führung durch die Polizei und das Rathaus und wurden zum Abschluss von Bürgermeister Wolfgang Rümmele empfangen. Er zeigte aus dem Fenster und sagte, dass er den besten Ausblick habe, nämlich auf die Mohrenbrauerei. In der NS-Zeit hätte man von seinem Zimmer auch auf das Polizeigebäude gesehen, dort befindet sich heute ein Fachgeschäft für Medientechnik.

Nach der Führung folgte der obligatorische Heimatkundetest. Ich fragte die Notrufnummer ab, was man im Standesamt macht, und woher der Name Dornbirn kommt. Nein, mit Dornen und Birnen hat das nichts zu tun, sondern mit einem alemannischen Bauern, der Torro hieß. Aber wen interessiert's? Warum habe ich die Kinder nicht gefragt: Wer war Hugo Lunardon?

Hugo Lunardon – der Standhafte

1893 kommt Hugo Lunardon in Hard zur Welt. Sein Vater spricht Italienisch, flickt Schuhe und spart. Hugo wird Graveur. Kaum mit der Ausbildung fertig, muss er an der Front für eine Monarchie kämpfen, die keine Zukunft hat. Zweimal wird Hugo verwundet. Dreiundvierzig Monate sitzt er in russischen Gefangenenlagern. Dreiundvierzig Monate! Wie viele Jahre sind das? Ist das nicht genug für ein Menschenleben?

Als Hugo nach Hause kommt, sind viele arbeitslos. Keiner braucht einen Graveur. Hugo meldet sich zur Gendarmerie, wird genommen und besteht alle Prüfungen. Viele seiner Kollegen sind jünger. Also bemüht sich Hugo doppelt und macht sich einen Namen als guter Gendarm. Alles läuft bestens. Er verliebt sich in Olga Frick, eine Bäckerstochter aus Bregenz. Die beiden bekommen zwei Mädchen. Am Sonntag geht Hugo in die Kirche. Politik ist nicht seine Sache. Nur die christlichsozialen Veranstaltungen im Vereinshaus besucht er, weil das pflichtbewussten Beamten empfohlen wird. Viel lieber singt er Volkslieder im katholischen Gesangsverein „Liederkranz Dornbirn“.

1924 wird im Gasthaus „zur Flur“ in der späteren Radetzkystraße (auf halbem Weg zwischen Hildas Wohnhaus in der Kehlerstraße und der Tischlerei in der Eisengasse) die erste NSDAP-Ortsgruppe gegründe. Anfangs hat sie keine Bedeutung und zerfällt zwei Jahre später in eine Hitler-Bewegung und eine Schulz-Bewegung.

Hitler ist unterdessen wie eine Art Lumpensammler unterwegs und liest im rechten Milieu alle auf, die sich nach einem starken Führer sehnen. Er will die Macht, entwirft Hakenkreuzfahnen und Flaggen. 1927/28 setzen sich braun uniformierte Marschkolonnen der SA in Bewegung. Ein Feldzug voller Aggressivität und Gewalt beginnt, angetrieben von den rüden Sprüchen Hitlers und seiner Unterführer. Doch mit Straßenterror allein kann er nicht gewinnen. Das weiß Hitler. Er will legal gewählt werden und schafft einen Apparat, mit dem die Partei in die Gesellschaft eindringen kann. Die Organisation schiebt sich immer weiter ins Alltagsleben vor: mit Gau und Kreisleitungen hinein in die Provinzen, mit Ortsgruppen und Stützpunkten in die Städte, mit Fachabteilungen und Planungsstäben. Bis nach Dornbirn. Bis in die Kehlerstraße. Bis ins Wohnzimmer meiner Großeltern. Bis am 6. November 1930 im Gasthaus Schloßbräu im Oberdorf die zweite Ortsgruppe gegründet wird. Sie erstarkt parallel mit dem Aufstieg der NSDAP in Deutschland. Nationale Vereine gibt es eine Menge – nirgends im Land so viele wie in Dornbirn.

Mit Unterstützung der finanzstarken Textilindustrie vollzieht sich der „Aufstieg" der Partei in Dornbirn. Josef Luger, der Buchhalter von F. M. Hämmerle, wird Ortsgruppenleiter. Für jeden Teil in der Gesellschaft wird eine eigene Organisation geschaffen und ausgebaut (HJ, BDM, SA, SS etc.). Im Dezember 1931 entsteht die erste SS-Ortsgruppe des Landes. Eine Bezirksverbandsleitung Tirol-Vorarlberg wird eingerichtet, der bis zum Parteiverbot 1933 Anton (Toni) Plankensteiner vorsteht.

Anton Plankensteiner kommandierte im Ersten Weltkrieg eine Hochgebirgskompanie in den Dolomiten, wofür er mehrfach ausgezeichnet wurde. Nun ist er Bankbeamter in der Dornbirner Filiale der Bank für Tirol und Vorarlberg und bezeichnet sich selbst als „Seele der nationalsozialistischen Bewegung". Fanatisch hetzt er gegen Juden, befürwortet die „Endlösung" und baut ein dichtes Organisationsnetz auf. Wie ein giftiger Ausschlag breitet es sich aus, finanziert von etlichen Fabrikanten.

Als 1933 Hitler Reichskanzler und die NSDAP in Österreich verboten wird, hat die Partei in Dornbirn neun Sprengel, 27 Zellen und 128 Blocks. Die Gewalt nimmt massiv zu. In der Mohrenhalle kommt es zu einer großen Schlägerei. Der Machtkampf zwischen der NSDAP und der Vaterländischen Front von Dollfuß wütet immer erbitterter. Eine NS-Terrorwelle rollt über das Land. Menschen kommen um. Das „braune Nest" Dornbirn wird ein Hauptort der Gewaltakte.

Der Herbst 1933 ist laut. Der Terror bedrohlich. Täglich explodieren Böller, oft gleichzeitig an verschiedenen Stellen. Es gibt schwere Dynamitanschläge gegen Kraftwerke, Einrichtungen der Bundesbahnen und Überlandleitungen. Im Gasthaus Engel im Oberdorf explodiert eine Bombe. 45 Fensterscheiben bersten. Mina, die 19-jährige Tochter, erleidet einen Schock. Private Wohnhäuser werden zum Ziel von Angriffen.

Der christlichsoziale Stadtbeamte Martin Natter erlebt, wie die Fensterstöcke der östlichen Hausfront in die Luft fliegen. Sein Sohn erholt sich nicht so leicht davon und hat Probleme beim Studium. Ein altes Herzleiden seiner Frau, von dem sie sich nach einer Operation bereits erholt hat, wird durch den Anschlag wieder akut. Sie stirbt.

In manchen Nächten werden bis zu zwanzig Böller abgeschossen. Blutende Dienstmädchen. Die Dornbirner Bevölkerung in Angst und Schrecken. Überall brennen Hakenkreuz-Höhenfeuer: auf der Schwende, im Firstgebiet, am Fallenberg.

Trotzdem versuchen die Menschen weiterzuleben. Hilda und Josef, meine Großeltern, sind auf dem Weg nach St. Anton, um zu heiraten. Dort steht eine neue Kirche. Für die hat Josef die Bänke geschreinert. Und für das Wirtshaus die Gasteinrichtung. Hildas Onkel stellt sein Auto zur Verfügung. Die Hochzeitsgäste fahren mit dem Zug. Am steilen Nenzinger Bühel verreckt das Auto des Onkels. Eines der wenigen Taxis gibt es in Bregenz beim Anwander. Bis es kommt, wartet die kleine Hochzeitsgesellschaft und gibt eine Runde Schnaps aus. Zur Trauung sind sie drei Stunden zu spät. Das führt zu einem gravierenden Problem: Laut Kirchenrecht muss eine Trauung vor zwölf Uhr erfolgen. Das Hochzeitsmahl wird vorgezogen, während der Pfarrer mit dem Bischof in Innsbruck telefoniert und um Dispens ansucht, damit er ausnahmsweise nachmittags trauen darf. Alles geht gut. Josef und Hilda erreichen das Schiff in Triest für ihre Hochzeitsreise.

Fünfzig Jahre später werden sie ihre Goldene Hochzeit in der Bruder-Klaus-Kirche in Dornbirn feiern. Weil auch dort die Kirchenbänke aus Josefs Tischlerei sind. Ich frage mich, ob Josef die teure Taxifahrt auch mit Möbeln bezahlt hat.

Was aber macht mein anderer Opa, Leopold Pum, im Herbst 1933? Er klettert in Bischofshofen zwischen 15 000 Volt auf Hochspannungsmasten herum, hängt Hakenkreuzfahnen in Stromleitungen, lässt Böller explodieren, malt Heustadel an, liefert sich Kämpfe mit der Polizei und wird immer wieder eingebuchtet. In seiner unveröffentlichten Autobiografie schreibt er: „Am 30. Jänner 1934 wollten wir österreichischen Nazis auf unsere Verfolgungen aufmerksam machen, der Welt beweisen, dass wir hoch aktiv waren. In dieser Nacht sollten überall Flugzettel und papierene Hakenkreuze gestreut und da und dort Papierböller zur Explosion gebracht werden. Es war alles sorgfältig vorbereitet. Punkt 9h abends sollte es an allen Ecken krachen, [...]. Schon am Tag vorher kamen zu uns ‚Prominente' Gendarmeriebeamte und teilten uns mit, dass bei der geringsten Aktion folgende Nazis ins Konzentrationslager Kaisersteinbruch im Burgenland eingeliefert würden: [...] ich als Führer der SA. Wir waren also vorbereitet. Schon um 7h, jeder sollte sich ein Alibi schaffen, war ich im Cafe Dum beim Billiardspielen [...].“[2]

Mit „Konzentrationslager“ meinte mein Großvater ein Anhaltelager, das 1934 von der austrofaschistischen Diktatur eingerichtet worden war. „Anhaltelager“ wurden Lager genannt, die der Ständestaat zwischen 1933 und 1938 eingerichtet hatte, um darin politische Gegner – zuerst illegale Nazis wie meinen Großvater und nach dem Februaraufstand 1934 auch Sozialdemokraten und Kommunisten – einzuweisen.

Im Osten wie im Westen: Längst ist vielen klar, dass hinter diesen Angriffen keine durchgeknallten Einzeltäter stehen, sondern eine geschulte, gewaltbereite Truppe.

Im sozialistischen Arbeiterheim (heute: Vorarlberger Hof) explodiert Sprengstoff und richtet große Zerstörung an. Überall kracht es: im Oberdorf, im Hatlerdorf, in Haselstauden, in der Stadtmitte. Nazis legen die Stromversorgung lahm. Das ist das Zeichen! Von überall strömen sie herbei und formieren im Dunkeln einen großen Aufmarsch am Marktplatz und in der Marktstraße. „Österreich erwache! Heil Hitler!“, brüllen sie im Chor. In der Marktstraße singt eine Menge begeistert das Horst-Wessel-Lied. Dieser unheimlichen Massendemonstration stehen die Polizisten machtlos gegenüber.

In den NS-Gasthäusern wird die Sperrstunde erst auf 22, dann auf 19 Uhr festgesetzt. Nichts verhindert die Attentate, auch keine generelle Ausgangssperre ab 20 Uhr. Trotz des Ausgehverbotes treffen sich Nazis am Marktplatz. Gendarmen patrouillieren ständig durch die Stadt. Ein Militärzug wird angefordert, um der Lage Herr zu werden. Gegen die Hintermänner und Drahtzieher wagen die Behörden kaum vorzugehen. Denn wer hinter der NSDAP steht, ist in Dornbirn ein offenes Geheimnis: Einflussreiche Textilfabrikanten, die die Partei finanzieren und mit ihrer wirtschaftlichen Macht großen politischen Druck ausüben.

Der Vorarlberger Sicherheitsdirektor Ludwig Bechinie verzweifelt fast. Er schreibt einen Brief ans Bundeskanzleramt in Wien und schildert, wie's bei uns zugeht. Der Bericht könnte folgendermaßen gelautet haben: „So viele sind zu den Nazis übergegangen. Die Industriellenfamilien Franz M. Rhomberg, F. M. Hämmerle und Herrburger & Rhomberg haben fast ganz Dornbirn und Umgebung in ihre Richtung gezwungen, sind doch Arbeiter, Gastwirte und Geschäftsleute von ihnen abhängig. Das Land wird von der Nazi-Welle mitgerissen. Was die Gendarmen ausrichten können, ist wirkungslos. Es herrscht eine Atmosphäre, in der die Bevölkerung nicht einmal mehr zu atmen wagt.“[3]

Mehrmals wird durch die Sprengung von elektrischen Überlandleitungen die Stromversorgung für Stunden unterbrochen. Der Polizei gelingt es, bekannte Nazis wie Anton Plankensteiner zu verhaften, was erneut Protestkundgebungen auslöst. Aus den Anhaltelagern freigelassen, werden sie im Triumphzug durch die Stadt geführt. Als Gustav Wagner-Wehrborn, der Schwiegersohn von Viktor Hämmerle, aus dem

Anhaltelager zurückkehrt, empfangen ihn am Bahnhof 2000 Menschen. Nicht alle sind freiwillig hier. Die Firmeninhaber haben dafür gesorgt, dass alle Arbeiterinnen und Arbeiter zur Begrüßung erscheinen. Dieser Propaganda stehen die Behörden machtlos gegenüber.

Vor der Allmacht der Industriellen fürchten sich viele. In den Betrieben wird jeder entlassen, der anders denkt. Wie sollen die Gendarmen den Terror in Dornbirn stoppen? Eine schlagkräftige Gendarmerie muss her, um die Bevölkerung vor den Fanatikern zu schützen. Vielleicht kann Hugo Lunardon mit seinem guten Ruf helfen.

Er wird von Hohenems nach Dornbirn versetzt, hinein in die Höhle des Löwen. Ihn erwartet ein Haufen Arbeit. Aber nicht einmal alle seine Kollegen unterstützen ihn. Im Gegenteil: Sein eigener Stellvertreter Franz Walch sabotiert ihn. Walchs Turnkameraden haben gerade einen Fahnenmast umgesägt und Hakenkreuze in den Boden der Birkenwiese gegossen. Als Lunardon das Vereinsvermögen beschlagnahmen will, warnt Walch seine Kollegen. Der Konflikt könnte für Hugo Lunardon nicht größer sein.

Aber aufgeben passt nicht zu ihm. Er lernt dazu, schweigt und ermittelt. Seine Beamten finden im Panzerschrank des Büros der Mosterei Zumtobel in zwei braunen Paketen Sprengmaterial: 24 Dynamitpatronen, Sprengkapseln, Papierböller, das volle Programm, bezahlt von der deutschen Parteileitung. Lunardon untersucht Werkshallen, das Hotel Mohren und Privathäuser. Dann der große Showdown. Es gelingt ihm 1934 alle Sprengstoffanschläge der SS unter der Führung von Alfons Mäser restlos aufzudecken. Mäser wird zu 15 Jahren Haft verurteilt. Etliche Gefolgsleute fassen mehrjährige Gefängnisstrafen aus. Dafür bekommt Lunardon eine Verdienstmedaille. Das vergessen die Nazis nicht.

Auch mein Opa Leopold Pum wird in Handschellen einem Untersuchungsrichter vorgeführt. „Die Haft dauerte wieder einige Monate, so dass für mich 1934 – das sesshafte Jahr – beinah voll wurde.“[4]

Im März 1938 ändert sich alles. Der Druck aus Deutschland nimmt massiv zu. Skisportlerinnen und Skisportler marschieren für die NSDAP auf. Im Gasthaus Weißes Kreuz rauchen die Köpfe. Seit Wochen sind die Obernazis in Alarmbereitschaft und tagen fast ununterbrochen in ihrem Stammlokal. Am 11. März erhalten sie Nachricht über die Vorgänge in Wien. Anton Plankensteiner ist nun kommissarischer Landeshauptmann. Er und seine Mitstreiter verlassen das Gasthaus um 21.30 Uhr und fahren nach Bregenz, um Landeshauptmann Ernst Winsauer des Amtes zu entheben. Dieser wartet bereits auf Plankensteiner, den er gut kennt, die beiden sind miteinander zur Schule gegangen. Winsauer hat Glück und verliert „nur" die Arbeitsstelle. Eine Vorhut aus SS und SA hat zu dem Zeitpunkt die wichtigen Gebäude schon besetzt.

Ein Teil der Bevölkerung bleibt in der Nacht vom 11. auf 12. März, in der alles umstürzt, in seinen Häusern und blickt sorgenvoll in die Zukunft. Die anderen triumphieren umso lauter in den Straßen. Schnell ist ein Fackelzug organisiert. Am Marktplatz wird „Sieg Heil" gerufen, so laut, dass man es am Hatler Brunnen noch hört. An eine Sperrstunde denkt niemand. Bis zum 10. April wird das Volk zuerst mit Siegesfeiern, dann mit einem Werbefeldzug für die „Anschluss"-Abstimmung in Atem gehalten.

Mein Opa Leopold schreibt 1975: „Dann kam der 13. März, der Schicksalstag 1938, für uns. Während wir Weisung erhielten, die Macht zu übernehmen, marschierten an allen Grenzstellen deutsche Truppen über die Grenzen. Die größte Geschichtsfälschung darüber, die sich nunmehr vierzig Jahre hartnäckig hielt, ist, dass man von einer Gewalt-‚Militäraktion' spricht. Es war ein ‚Blumenkrieg'. Hunderttausende Menschen aus allen Schichten säumten die Straßen und empfingen die Soldaten mit einem Meer aus Blumen. Die begeisterte Menge war bald heiser vom ‚Heil'-Rufen. Niemand ahnte, wo über Nacht die Millionen Hakenkreuzfahnen herkamen. Nicht eine Waffe erhob sich im ganzen Land gegen die deutschen Soldaten. Kein Pfuiruf wurde gehört. Wie aus dem Boden gestampft standen die SA-Stürmer auf ihren Posten. Die meisten von uns hatten ihre Braunhemden noch aus der Vorverbotszeit her. Die Neuen improvisierten oder trugen zum Zivil nur die Armbinden. Die Gendarmerieposten wurden von der SA widerstandslos besetzt. Die Waffen der Heimwehrler beschlagnahmt. Im Umgang mit den Gewehren hatten wir unsere Mannschaft in der illegalen Zeit gut unterrichtet. Elektrizitätswerke, Brücken und alle lebenswichtigen Einrichtungen wurden schlagartig bewacht. Kein Fall von politischem Widerstand. Trotzdem lügen die so genannten Widerstandskämpfer, dass sie wie ein Mann aufstanden, um sich gegen den Naziterror zur Wehr zu setzen – alles pure Lüge, Geschichtsfälschung."[5]

Freunde raten Hugo Lunardon zur Flucht in die Schweiz. Er bleibt. Am 11. März, nach dem Abendessen, sagt er zu Olga, seiner Frau: „Es wird eine schwere Nacht werden."[6] Dann geht er zu seiner Dienststelle. Es sollten die letzten Worte sein, die sie aus seinem Mund hört.

Die gekränkten Männer rächen sich. Und wie! Vehement fordert Franz Walch die Verhaftung Lunardons. Ein anderer bislang Untergebener von Lunardon Johann Eder eilt sofort ins Weiße Kreuz, wo die Nazi-Größen eine Sitzung abhalten, und bittet darum, Lunardon verhaften zu dürfen. Unter Spott und Gelächter wird Lunardon in die Markthalle (wo heute das Kulturhaus steht) gebracht. Hier muss er in einem Heuhaufen nach Waffen suchen.

Franz Walch wird Lunardons Stellvertreter. Er nimmt sofort dessen Dienstwohnung in Beschlag und setzt Frau Lunardon mit ihren zwei Töchtern auf die Straße. Als Draufgabe reibt er ihr die Rechnung für die Haftkosten ihres Mannes unter die Nase.

Lunardon wird erst nach Innsbruck, dann nach Dachau gebracht. Schon bei der Ankunft im KZ, in das auch Kaplan Georg Schelling gebracht wird, beginnen die Misshandlungen. Die Dornbirner Nazis hassen Hugo Lunardon so sehr, dass sie einen Brief ins KZ schicken und um Extrabehandlung bitten.

Daraufhin wird er monatelang in Einzelhaft gehalten und vor anderen Häftlingen mit dem Ochsenziemer ausgepeitscht.

Zu Hause brüstet sich Plankensteiner: „Die Frau ist schon fünfmal gekommen zu klagen und zu winseln. Aber es tut ihm gar nichts, wenn er ein paar Wochen da drinnen sitzt.“[7] Aus „ein paar Wochen“ werden zwei Höllenjahre. Eine unvorstellbare Tortur. Frau Lunardon spart sich und den Kindern Geld vom Mund ab, um durch kleine Geldsendungen ihrem Mann die Lagerbedingungen erträglicher zu machen. Zu Weihnachten 1938 schickt sie ein Paket, das Hugo zwar gezeigt, aber nicht gegeben wird. „Ich versichere Dir, lb. Olga, daß es mir an Mut nicht fehlt und ich versichert bin, daß auch uns wieder die Sonne scheinen wird“[8], schreibt er.

Die Unmenschlichkeit lässt sich noch steigern: Er kommt in das Konzentrationslager Mauthausen. Seine Frau, voller Angst und Ungewissheit, schreibt einen herzzerreißenden Brief. Sie will ihm warme Unterwäsche senden, fragt, ob er gesund ist, ob er noch lebt. „Ich bitte dich darum – schreib. Es grüßt und küßt Dich Deine Olga u. Kinder.“[9] Ihr Brief kommt zurück mit dem Vermerk: „Ihr Mann befindet sich hier. Ihr Mann darf vorläufig keine Post empfangen. Wenn Postempfang, so wird es Ihnen mitgeteilt.“[10]

Viel später darf er schreiben. In einem seiner letzten Briefe teilt er ihr, obwohl streng verboten, in verschlüsselter Form seinen Gesundheitszustand mit. Die Arbeit im Steinbruch ist barbarisch, der Winter eisig, die Kleidung miserabel, die Essensration minimal und das SS-Personal kennt kein Mitleid. Die Kälte macht ihn fertig. An eisigem Werkzeug bleibt die Haut in Fetzen hängen. Jeden Tag sterben rund um ihn Dutzende. Den Winter übersteht er noch. Dann hat er keine Kraft mehr. Er kann nicht mehr arbeiten. Deswegen wird er erneut geschlagen und ist dann erst recht arbeitsunfähig. Kameraden legen ihn abseits hinter eine Bauhütte. Der Hauptscharführer befiehlt, ihn in den Schnee zu legen. Hugo hat noch den Mut und die Kraft zu sagen: „Jeder Hund, der fühlt, daß er eingeht, sucht sich einen stillen Platz aus. Ihr laßt uns nicht einmal wie einen Hund sterben.“[11] Völlig erschöpft, verhungert und ohne Hoffnung stirbt Hugo Lunardon am 14. März 1940 im Steinbruch von Mauthausen.

Olga verkauft das letzte Wertvolle, das sie besitzt, eine zwanzigbändige Brockhausausgabe, und fährt mit dem Erlös nach Mauthausen, um zu sehen, wo ihr Mann die letzten Monate seines Lebens verbringen musste. Für Olga muss die Situation unvorstellbar traumatisch sein. Hat sie Freundinnen oder Freunde? Menschen, die sie unterstützen? Wie werden ihre Kinder damit fertig?

Als sie vor dem Krematorium einen Wagen voll nackter Häftlingsleichen sieht, scheint es ihr unwahrscheinlich, dass ihr Mann an Herzmuskelschwäche gestorben ist, wie in dem Totenschein steht.

Das Unrecht geht weiter: Während viele Kollegen nach 1945 im Dienst bleiben, wird Hugo Lunardons Geschichte lange Zeit unter den Teppich gekehrt. Erst in den 1990er-Jahren fängt man an, jungen Gendarmen in der Ausbildung von dem mutigen Postenkommandanten zu berichten.

Ich werde Freundinnen und Freunden die Geschichte von Hugo Lunardon erzählen. Jeder sollte sie kennen. Vielleicht traut sich irgendwann einmal eine Lehrerin im Heimatkundetest zu fragen: Wer war Hugo Lundardon? Und die Kinder werden schreiben: Ein tapferer Polizist im Zweiten Weltkrieg, der von den Nationalsozialisten getötet wurde.

Wahrscheinlich werden empörte Eltern der Lehrerin die Tür einrennen und sich darüber beschweren, dass man so ein Thema Kindern nicht zumuten kann. Ich finde sehr wohl, dass man das kann und auch soll.

Große Pläne im Rathaus

Die neuen Machthaber finden, dass sie sich als „braunes Nest" ein besonderes Nazi-Zuckerl verdient haben, und spekulieren darauf, neue Landeshauptstadt zu werden. Aber in dem alten Rathaus, das 1795 erbaut wurde, mit dem Brunnen und der Treppe, hat so viel Macht gar keinen Platz. Es muss vergrößert werden. Dornbirn soll zumindest Kreisstadt werden. Ein Architekturwettbewerb wird ausgeschrieben.

Für Aufmärsche braucht es eine neue Prachtstraße. Obwohl sie erst 1986 als Stadtstraße gebaut werden sollte, errichtet man das „neue" Kino bereits so, dass es später an der Prachtstraße stehen wird. Hinter dem alten Rathaus soll ein Festplatz erstrahlen, daneben ein Neubau, in dem die Kreisleitung die Fäden ziehen würde.

Der Friedhof soll dafür verlegt und auf dem Grundstück gemeinsam mit dem Viehmarktplatz (an der Stelle des heutigen Kulturhauses) eine Volkshalle für 8 000 Personen mit einem Festplatz für 40 000 Personen errichtet werden, alles verbunden mit dem alten Rathaus.

Voreilig triumphiert der neue Bürgermeister Paul Waibel: „Dornbirn ist Kreisstadt geworden – und wird Kreisstadt bleiben."[12] Waibel lässt Briefpapier drucken, auf dem prangt: „Der Bürgermeister der Kreisstadt Dornbirn". Leider ist Dornbirn dann doch nicht so wichtig: Bürgermeister Waibel und Noch-Landeshauptmann Plankensteiner verlieren den Machtkampf gegen den mächtigeren Gauleiter Franz Hofer und müssen schlucken, als Vorarlberg dem Reichsgau Tirol unterstellt wird. Das Briefpapier wird allerdings noch eine Weile lang verwendet.

Das Rathaus muss trotzdem vergrößert werden. Es plant der Architekt Hugo Wank. Er hat gerade für meine Großeltern Hilda und Josef Kramer den Rundbau neben der Tischlerei an der Ecke Eisengasse/Frühlingstraße fertiggestellt. Opa Josef und Hugo Wank stammen aus Kärnten, vielleicht ist es das, was sie verbindet. Im fertigen Rundbau bezieht Hugo Wank gleich das Eckzimmer im ersten Stock. Von dort kann er den

Fortschritt der Rathaus-Baustelle im Auge behalten. Wenn nur nicht die Bewohnerin im zweiten Stock so lästig wäre.

Die Hutmacherin Emmy Grygar betreibt im Erdgeschoß des Rundbaus ihr Geschäft, während ihr Mann Rudolf in seinem Frisiersalon im Roten Haus die Herren der besseren Gesellschaft barbiert, bis er, wie Opa Josef, nach Frankreich abkommandiert wird. Emmy hat ihre Not mit dem Architekten Wank. Ein Quartalssäufer mit psychischen Problemen sei er. In ihrer Verzweiflung schreibt sie einen Brief an die westfranzösische Atlantikküste, wo Josef im Matrosenanzug bei der Marine im Einsatz ist, obwohl er nicht einmal schwimmen kann. Zu gern würde ich seinen Gesichtsausdruck sehen, als er Emmys Zeilen liest:

„Ich habe Herrn Wank erlaubt, seinen Weinschrank in meinem Keller aufzustellen. Ich habe ihn außerdem gebeten, stets die Tür abzusperren und das Licht abzudrehen, wegen der Luftschutzverordnung. Neulich ist nun der Schlüssel gesteckt, die Tür war offen und das Licht hat gebrannt. Herr Wank hat angemerkt, dass es ‚theoretisch' gar nicht er gewesen sein muss, und es sei auch nicht erwiesen, dass ausgerechnet er das Licht habe brennen lassen. Für mich ist eine unverschlossene Türe mit steckendem Schlüssel praktisch offen. Und da ich meine sämtlichen Einmachgläser, Gemüse, Obst und Konserven, die ich für die Urlaube meines Soldaten zusammenspare, im Keller verwahre, darf ich doch wohl zu einem H. Wank noch sagen, dass mir der verschlossene Keller mehr wert ist als seine ganze Theorie. Weil kein Hausherr da sei, meinte Herr Wank, könnte ich in dieser Beziehung ohnehin nichts unternehmen. Was er nun ausknobelt, weiß ich nicht, auf alle Fälle würde er seinen Weinkasten erst herausnehmen, wenn er einen geeigneten Platz habe. Damit war ich einverstanden, doch lieber heute als morgen hätte ich den Herrn ganz draußen. Das ist der langen Rede kurzer Sinn; nun bitte ich Sie freundlichst mir gelegentlich über Ihre liebe Frau mitzuteilen, was Sie an meiner Handlungsweise auszusetzen haben. Beste Grüße an Sie und gute Wünsche für Ihr Soldatendasein. Ihre Emmy Grygar."[13]

Was Josef antwortet, weiß ich nicht. Ich weiß nur, dass Herr Wank bis etwa 1961 im Rundbau leben wird. Die Grygars bleiben siebzig Jahre.

Die neuen Mächtigen

Einen Staat umzubauen und ihn verwaltungsmäßig in das Deutsche Reich einzugliedern, ist kompliziert. Die NSDAP hat den ganzen Einfluss. Partei und Staat sind eins. Größere Einheiten müssen her. Hitler bestimmt sieben Gaue, mit je einem Gauleiter an der Spitze. Die müssen verwaltet werden.

Viele pudeln sich jetzt als „alte Kämpfer“ auf, weil sie mit dabei sein möchten. Nicht alle Wendehälse werden genommen. Die echten „alten Kämpfer“ hingegen werden für ihren „Einsatz“, sprich: Böller zünden und Menschen terrorisieren, finanziell entschädigt: 160 Dornbirnerinnen und Dornbirner erhalten für die während der illegalen Zeit erlittenen „Verfolgungen“ nun „Wiedergutmachungszahlungen“. Den höchsten Betrag bekommen Alfons und Alwin Mäser, die 1934 wegen der Beteiligung an Sprengstoffattentaten zu 15 Jahren Kerker verurteilt worden waren.

Um Dornbirn zu verwalten, reicht es nicht, ein „alter Kämpfer“ zu sein. Eine gewisse Qualifikation wäre nicht schlecht. Daran fehlt es. Die meisten alten Kämpfer haben kaum einen Handelsschulabschluss, und so scheitert die Besetzung leitender Funktionen durch ehemalige illegale Parteikollegen am „Mangel an geeigneten Persönlichkeiten“.[14] Den Obersten bleibt nichts anderes übrig, als darauf zu hoffen, dass sich die angestammten ausgebildeten Verwaltungsbeamten dem neuen System anpassen.

In Bischofshofen scheinen die Probleme ähnlich zu sein. Bis zum 13. März 1938 ist mein Opa Leopold Goldschmied. Dann macht ihm die Partei das Angebot, hauptamtlicher SA-Führer zu werden, was er ablehnt. „Nachdem ich noch tausende silberne Hakenkreuze ausgeschnitten hatte, die sich die Leute ansteckten, wurde ich nach dem vollzogenen Umbruch im Juni 1938 Spenglerlehrling.“[15] Zwei Monate später, er sitzt mit seinen Arbeitskollegen auf einem Kiosk, um das Dach zu decken, ruft ihn ein Gemeindediener herunter. Leopold soll um zwei Uhr in die Gemeinde kommen, um das Bürgermeisteramt zu übernehmen. „Dort waren der Landrat, der Kreisleiter und mein Vorgänger. Ansprachen wurden gehalten. Man übergab mir die Schlüssel, und ich war aus dem Himmel gefallener Bürgermeister.“[16]

Während Bischofshofen als Eisenbahnergemeinde arg verschuldet ist, keine Industrie existiert, für die vielen Eisenbahner weder Lohnsummen- noch Gewerbesteuer bezahlt wird und Leopold einem Haufen Probleme gegenübersteht, braucht sich die Verwaltungselite in Dornbirn keine Sorgen ums Geld zu machen.

Am Jahrestag des „Anschlusses“ berichtet Bürgermeister Paul Waibel, dass sich der Schuldenstand um 340.000 Reichsmark verringert, der Vermögensstand um 160.000 Reichsmark vergrößert hat und dass die neue Steuergesetzgebung auf sehr große Einnahmen hoffen lässt. Die Geschäfte der Textilfabrikanten laufen prima. Man profitiert vom deutschen Rüstungsboom. Großinvestitionen und Arbeitsdienstverpflichtung führen kurz nach der Machtübernahme in Vorarlberg zur Vollbeschäftigung.

Franz Hofer – der Gauleiter

In Hofgastein als Sohn eines Hotelbesitzers geboren, tritt er 1931 der NSDAP bei. Als er wegen illegaler Betätigung im Gefängnis sitzt, brechen vier SA-Männer gewaltsam in seine Zelle ein und befreien ihn. Auf der Flucht wird er angeschossen. Von seiner Trage aus hält er auf dem Nürnberger Reichsparteitag eine Rede. Er kandidiert bei der Reichstagswahl in München und wird deutscher Staatsbürger. Von 1938 bis 1945 ist er Gauleiter von Tirol-Vorarlberg und ab 1940 Reichsstatthalter vom Gau Tirol-Vorarlberg. Hofer verfügt über einen Landsitz bei Hall in Tirol, eine arisierte Villa in Innsbruck und zahlreiche enteignete Kunstwerke. Gegen Kriegsende hat er die wahnwitzige Idee, dass die Alpen ein geeigneter Ort wären, um durch den

Bau einer „Alpenfestung“ eine letzte Zufluchtsstätte für Hitler und die Reichsregierung zu schaffen. Prompt wird er in den Berliner Führerbunker eingeladen. Im April 1945 überzeugt er Hitler 18 Tage vor dessen Selbstmord von seinen Plänen, während er hinterrücks den Offizieren erklärt, dass er Hitler bei dessen Ankunft in den Alpen in ein Sanatorium einweisen lassen würde, da der Krieg ohnehin verloren sei. Bei Kriegsende zieht sich Hofer ganz schnell auf seinen Landsitz zurück und wechselt nach seiner Verhaftung durch die US-Armee kurzerhand die Seiten. In Deutschland wird er zu Arbeitslager mit Vermögensverfall verurteilt, in Österreich zum Tode. Bei beiden Verhandlungen ist er nicht anwesend. Es heißt, der Tiroler Landeshauptmann habe sich für ihn eingesetzt. Hofer ist ein gnadenloser Opportunist, gesteuert von reinem Eigennutz, indem er erst Hitler unterstützt, dann mit den Alliierten verhandelt und bereit ist, jede Möglichkeit sofort einer anderen zu opfern. Unbehelligt lebt er mit seiner Frau und sieben Kindern als Kaufmann in Mülheim an der Ruhr und kann sich jeder Strafe entziehen. 1964 klagen Hofers Kinder auf die Rückgabe des Tiroler Landsitzes. Die Klage wird abgewiesen. Franz Hofer stirbt 1975 als überzeugter Nationalsozialist eines natürlichen Todes.

Paul Waibel – der Burschenschafter

Als jüngstes von vierzehn Kindern maturiert er am Realgymnasium Dornbirn. Er ist Mitglied der Jungburschenschaft Germania Dornbirn und der Pennalverbindung deutschvölkischer Studenten Alemannia. Nach der Ausbildung zum Diplomkaufmann studiert er in Köln und Graz Staats- und Rechtswissenschaften. Mitglied der Burschenschaft Germania Köln und der Burschenschaft Cheruskia Graz. Als Rechtsanwalt eröffnet Waibel eine Kanzlei in Dornbirn, heiratet Hildegard Rhomberg, bekommt drei Kinder und tritt der noch verbotenen NSDAP und der SS bei. Im März 1938 wird er mit 36 Jahren kommissarischer Bürgermeister. Das heißt, er hat die oberste Vollzugsgewalt der Stadt. Die Ratsherren und Beigeordneten üben nur beratende Tätigkeit aus. Seine Nominierung sollte wohl diejenigen Bevölkerungsgruppen beruhigen, denen weder der „Anschluss“ noch die öffentlichen Erniedrigungen und Verhaftungen von prominenten Funktionären des Ständestaats in den ersten Tagen danach gefielen. Wegen der Sache mit Dornbirn als Landeshauptstadt (Kreisstadt) gerät Waibel in Konflikt mit Gauleiter Hofer. Der bietet ihm an, Bürgermeister von Innsbruck zu werden, wenn er seinen Widerstand aufgebe. Paul Waibel weigert sich. Er muss das Bürgermeisteramt an Josef Dreher abgeben, wird zur Wehrmacht eingezogen und an die Ostfront abkommandiert, wo er den Kriegseinsatz überlebt. Ab 1948 geht Waibel wieder seiner Tätigkeit als Rechtsanwalt nach. 1975 wird er pensioniert. 1994 stirbt auch er eines natürlichen Todes.

Quasi als Gegengewicht zu Waibel kam einer der prominentesten Illegalen des Landes als Vizebürgermeister zum Zuge,– eine klare Botschaft der Anerkennung an die Aktivisten aus der „Kampfzeit“. Wer ist Josef Dreher?

Josef Dreher – der Gastwirt

Der großgewachsene Mann verbringt zwischen 1933 und 1938 insgesamt eineinhalb Jahre im Gefängnis. Er ist gelernter Elektromonteur, Geschäftsführer des Gasthauses Weißes Kreuz und Leiter der illegalen NSDAP des Landes. Erst wird er Vizebürgermeister, und als Paul Waibel 1940 im Streit mit Gauleiter Hofer den Sessel räumen muss, rückt er ins Bürgermeisteramt nach. Bedienen lässt er sich von seinem Dienstmädchen. Sie heißt Maria Chartschenko und kommt aus der Ukraine. Mit 16 wurde sie nach Dornbirn verschleppt. Ausgerechnet Dreher protestiert öffentlich gegen die Entbindung von Zwangsarbeiterinnen im Stadtspital: „Es ist m. E. untragbar, dass in der best- und neuzeitlich eingerichteten Wochenstation im Krankenhaus deutsche Mütter derzeit mit Frauen aus dem Osten, oder sonstigen Ausländerinnen, während und nach der Geburt beisammen sind.“[17]

Ob er das seinem Cousin Josef Anton ins Gesicht sagt? Denn der verliebt sich in die junge Ukrainerin Wera, die als Zwangsarbeiterin im elterlichen Betrieb arbeitet. Er heiratet sie 1949 und lebt mit ihr und den gemeinsamen Kindern oberhalb vom Gütle im kleinen Weiler Beckenmann am alten Weg ins Firstgebiet. Dort stirbt Wera Dreher 2012.

Am 2. Mai 1945, wenige Tage vor Kriegsende, nötigt Josef Dreher das Volk immer noch, die „Pflicht zum Wohle unserer Heimatstadt zu erfüllen".[18] Dreher lässt alle wichtigen Akten und Personalakten im Bürgermeisteramt verbrennen, womit er der Historikerzunft und den Zwangsarbeiterinnen und Zwangsarbeitern wirklich eins auswischt. Das Kriegsende erwartet er auf der Spätenbachalpe, verlässt aber sein Versteck wieder und bleibt auf Geheiß der französischen Besatzer noch vierzehn Tage im Amt. In der wiedererstandenen Republik Österreich wird er zwar angeklagt, lebt dann aber bis 1963 unbehelligt, indem er weiterhin den Gasthof mit dem dazugehörigen Hotel und der Metzgerei Weißes Kreuz leitet.

Seine Magd Maria Chartschenko erlebt doppeltes Unrecht. Als sie wieder in ihre Heimat in die Ukraine zurückkehrt, wird sie dafür bestraft, dass sie verschleppt wurde. Sie gilt als Verräterin. Man wirft ihr vor, für den Feind gearbeitet zu haben. Auf Maria wartet harte Arbeit. Einige Jahre muss sie im Bergwerk schuften. Seite an Seite mit Frauen, die in Deutschland Zwangsarbeiterinnen waren. Besonders schlimm ist es für Frauen, die ein Kind aus Österreich mitbringen. „Viele konnten nicht mehr in ihre Dörfer zurück. Manche haben ihr Kind aus Verzweiflung in einem Bahnhof liegengelassen."[19] Im Mai 2007 bekommt die 81-jährige Maria Chartschenko Besuch von Historikerin Margarethe Ruff und Historiker Werner Bundschuh aus Dornbirn und erzählt lange aus ihrem Leben.

Maria Chartschenko begegnete während ihrer Zeit im Weißen Kreuz sicher auch dem Nazi-Promi Alfons Mäser. Unter Dreher machte er den Vizebürgermeister. Auf das Konto von

Mäser ging zwar nicht die Gründung, jedoch der Aufbau der Vorarlberger SS ab dem Juni 1933. Er konnte sich damit brüsten, die längste Haftstrafe unter allen Dornbirner Illegalen erhalten zu haben: 15 Jahre schwerer Kerker. Abgesessen hat er diese natürlich nicht. Wer ist Alfons Mäser?

Alfons Mäser – der Geldeintreiber

Den Eltern von Alfons Mäser gehört das Gasthaus Krone in der Bergstraße 22 im Oberdorf. Die Krone gilt bis zu ihrer zeitweiligen Schließung als NS-Hochburg. Alfons Mäser baut die Vorarlberger SS auf und wird neben Josef Dreher Chef der Gestapo.

Ich stelle mir vor, wie er sich die Hände reibt und sich das Grinsen nicht verkneifen kann, als er zum ersten Mal hinter dem Schreibtisch im Rathaus Platz nimmt. Er lässt seine Gegner antanzen: Ärzte, Rechtsanwälte, Lehrer, Direktoren. Alle, von denen vielleicht etwas zu holen ist. Vor seinem Büro müssen sie stundenlang ausharren, bis sie an die Reihe kommen. Breitbeinig stehen zwei SS-Männer vor der Amtstür. Im Büro treffen die Vorgeladenen dann auf den von SS-Männern flankierten Sicherheitsdirektor Alfons Mäser. Er selbst steckt auch in der schwarzen SS-Uniform und lässt durchblicken, dass er über das Vermögen der Leute sehr genau Bescheid weiß. Dem Sparkassendirektor Eugen Lecher, der sich um seine Stellung sorgt, ringt Mäser 4.500 Schilling ab.

Von Rechtsanwalt Günther Anton Moosbrugger, der eine Kanzlei führt und dessen einziges Verbrechen darin besteht, vaterländisch eingestellt zu sein, und der deswegen eingesperrt wird, erpresst Mäser für seine Freilassung 5.000 Schilling.

Der spätere Landeshauptmann Ulrich Ilg, den Mäser auch zu sich zitiert, hat zwar kein Barvermögen, aber einige Säcke Kartoffeln, die dann auch recht sind. Beim Arzt Rudolf Grabher muss er mit schwereren Geschützen auffahren. Denn dessen Frau besitzt etwas, das Mäser unbedingt haben will: ein Grundstück am Zanzenberg. Er droht dem Arzt mit der Verbringung nach Dachau. Dass Grabher in Dornbirn weiter ordinieren darf, allerdings ohne Krankenkassenvertrag, verdankt er nur dem Grundstück seiner Frau.

Am Zanzenberg haben SS-Leute von Viktor Hämmerle Bauland zur Verfügung gestellt bekommen. Mit dem Grundstück der Arztgattin ist der Zanzenberg noch attraktiver. Nun können die Nazis eine SS-Siedlung errichten. Mit Blick übers Rheintal. Bei den Bauarbeiten muss die deutsche Jugend vom Reichsarbeitsdienst im Geiste des Nationalsozialismus zur Volksgemeinschaft und zur wahren Arbeitsauffassung „freiwillig“ mithelfen.

Mäser schickt seine Gehilfen durch ganz Dornbirn. Dem Haselstauder Volksschullehrer Otto Oberhauser drohen gegen zwei Uhr früh Julius Hefel und Eugen Rhomberg unter dem Kommando von Siegfried Nosko mit dem Aufbrechen der Haustür, wenn er sie nicht sofort einlässt. Die Kinder und die Hausgehilfin müssen ebenfalls antreten und werden in Angst und Schrecken versetzt, indem die NS-Leute fragen, ob er, Oberhauser, schon wisse, dass die Lehrer Toni Ulmer und Eugen Grabher bereits erschossen seien. „Jetzt kommst du dran. Kannst dich von den Kindern schon verabschieden.“[20] Oberhauser kauft sich drei Wochen später um 5.000 Schilling seine Freiheit.

Nach dem Krieg behauptet Mäser, die „Spenden“ nur eingetrieben zu haben, weil der Befehl „von oben“ kam. Der erste Bürgermeister in Friedenszeiten, Günther Anton Moosbrugger, bezichtigt Mäser, bei diesen „Sammelaktionen“ in die eigene Tasche gewirtschaftet zu haben. Der Nachkriegsjustiz gelingt es nicht, dies nachzuweisen. Auf alle Fälle trifft aber zu, dass Mäser und die anderen Leute in der SS-Siedlung am Zanzenberg privat von erpresstem Grund und Geld profitierten. Nach dem Krieg setzen sich viele einflussreiche Menschen für Alfons Mäser ein. Taktvoll und hilfsbereit habe er sich benommen. Nein, bereichert habe er sich nicht. Ein anständiger Kerl sei er gewesen. Schwamm drüber. Die Textilbarone leben wieder ihren Alltag. Wird in einer Villa oder in einer Fabrik ein Umbau fällig, wendet man sich vertrauensvoll an Alfons Mäser, der im Oberdorf (in der heutigen „Rätschkachl“) eine Tischlerei führt. Die anderen Dornbirner Tischler wissen, dass sie sich um diese Aufträge nicht zu bemühen brauchen, denn alle Aufträge von prominenten Alt-Nazis bekommt Alfons Mäser. Schließlich erinnert man sich, mit wem man 1933 im Weißen Kreuz Gulasch gegessen hat.

Das Weiße Kreuz – die Parteizentrale

Das Wirtshaus ist seit jeher ein bedeutender Ort der Kommunikation. In Dornbirn trifft man sich, je nach Gesinnung, im roten Vorarlberger Hof oder im braunen Weißen Kreuz.

Eine ganze Häuserzeile (neben dem Stadtmuseum, von der Eisengasse bis zur Stadtstraße) nennt sich „Gasthof Zum Weißen Kreuz“. Dazu gehören ein Wirtshaus mit Tanzsaal und Galerie, ein Hotel, eine Schlachterei und ein Fleischgeschäft. All das besitzt die Witwe Luise Spiegel.

Von ihr kaufen Hilda und Josef 1934 ein Grundstück in der Eisengasse zum Kaufpreis von 21.000 Schilling. Das Geld erbte Hilda von der kinderlosen Tante Blanka Bohle, die in Haselstauden die Nudelfabrik ihres verstorbenen Mannes Johann führt. Auf Hildas neuem Grundstück verfällt ein altes Rheintalhaus mit einem großen Keller. Auf diesen Grundmauern errichtet Josef seine Tischlerei. Bei dem Keller soll es sich um den ehemaligen Weinkeller vom Weißen Kreuz handeln. Bis die Tischlerei 1986 der Stadtstraße weichen muss, dient der Keller als Furnierlager. Für Wein hat er sich wohl besser geeignet, denn das Furnier ist immer feucht und macht Probleme beim Aufleimen.

Samstags gibt es bei meinen Großeltern Hilda und Josef Siedfleisch. Vor allem auch wegen der guten Suppe, die dann am Sonntag den Magen wärmt. Das Fleisch dazu kauft Hilda nur im Weißen Kreuz. Jeden Montag ist im Weißen Kreuz ein Tisch für Hilda, ihre Cousinen und andere ehemalige Turnerinnen reserviert. Die Damen klopfen einen Jass. Am Nebentisch sitzt Josef mit den Kollegen von der Tischlerinnung. Am Stammtisch schwingen Toni Plankensteiner, Alfons Mäser,

Paul Waibel, Josef Dreher und die anderen Nazis große Reden. Zigarren, Pfeifen und Zigaretten qualmen. Die Witwe Spiegel gesellt sich von Tisch zu Tisch. Weil sie einen Mann braucht, um geschäftsfähig zu sein, stellt Frau Spiegel Josef Dreher ein, der nicht nur die Geschäfte des Weißen Kreuzes führt, sondern, wie schon berichtet, die Geschäfte der illegalen NSDAP. Das Weiße Kreuz wird die inoffizielle Parteizentrale der NSDAP in Dornbirn.

Otto Wohlgenannt – am falschen Ort

Kellnerinnen bringen harte Brezel, Lumpensalat und Bier. Gleichgesinnte treffen sich: Jasser, Turner, Tischler, Nazis und Arbeiter. Mittendrinnen Hilda und die Cousinen und Opa Josef.

So langsam fällt mir das Wegschauen schwer. Warum sitzen meine Großeltern hier und nicht bei den Sozialdemokraten im Vorarlberg Hof?

Hilda hört schlecht. Aber sie kann Lippen lesen. Kriegt sie mit, wenn wieder jemand seinen Zorn über die Verhältnisse im NS-Staat nicht mehr unterdrücken kann? Wie äußert sie sich dazu? Wie denkt sie darüber? Je mehr wir uns 1938 nähern, umso spitzer werden die Ohren. Das Überwachungssystem funktioniert einwandfrei.

Das Laub fängt an, sich zu verfärben. Es ist der 1. September 1939. Hitler greift Polen an. Der Krieg beginnt. Einen Tag danach heiraten mein Bischofshofner Opa Leopold und meine Oma Hartwiga im Schloss Mirabell in Salzburg. Es ist eine Parteihochzeit in Uniform, gemeinsam mit sechs anderen SA-Paaren. Sie feiern. Genauso wie sie in Dornbirn feiern.

Eine feuchtfröhliche Runde in einem Wirtshaus. Mitten unter ihnen der Elektriker Otto Wohlgenannt. Der Alkohol fließt und irgendwann platzt es aus ihm heraus: „Jetzt kann man bald ‚Heil Moskau‘ sagen; es wird ein Krieg kommen, wie ihn die Welt noch nie gesehen hat. Wenn England richtig beginnt, ist Deutschland bald erledigt.“[21] Am Nebentisch sitzt ein Gast, dem diese kluge Prophezeiung sauer aufstößt. Er rennt zur Gestapo und verrät Wohlgenannt.

Das nennt man Denunziation. Die Gestapo verhaftet Otto Wohlgenannt. Er wird ins KZ Flossenbürg deportiert – das liegt auf halber Strecke zwischen Nürnberg und Prag. Was mag Otto Wohlgenannt auf dieser Höllenfahrt wohl alles durch den Kopf gehen? Weiß er, was ihn erwartet?

Am 10. April 1942 wird er hingerichtet. Wegen eines Satzes, den er in einem Wirtshaus unter Alkoholeinfluss von sich gegeben hat. Die Gestapo leitet, wir erinnern uns, Alfons Mäser, über den man hinterher sagen wird, er sei ein anständiger, hilfsbereiter Mann gewesen. Otto Wohlgenannt hat er nicht geholfen.

Hinter dem Bahnhof verläuft heute die Otto-Wohlgenannt-Straße. In dieser Straße leben mehrere erwachsene Menschen mit Behinderung. Auch sie wären damals ermordet worden. Davon erzähle ich im sechsten und dunkelsten Kapitel.

Hilda und ihre Cousinen jassen über den Krieg hinaus. Als das Wirtshaus Zum Weißen Kreuz langsam niedergeht, wechselt die Jasserrunde in den Löwen in die Riedgasse. Und als der von Chinesen übernommen wird, übersiedeln sie in die Sonne in die Eisengasse.

In Jahrzehnten kommt Cousine Lena einmal zu spät. Es tue ihr leid, aber sie sei bei der Vorsorgeuntersuchung gewesen. Da ist Lena neunzig Jahre alt. Die Frauen sterben hochbetagt. Am Ende weiß Hilda nicht mehr, wie ihr Sohn heißt, aber Jassen kann sie noch. Man kennt solche Geschichten.

Nächste Station meiner Reise: Marktplatz 1938.

2. Marktplatz – das große Reinemachen

Ich überquere den gepflasterten Marktplatz. Der Brunnen plätschert. Aus der Bäckerei Spiegel duftet es nach Brot und im Genossenschaftswarenhaus GEWA ist ordentlich was los. Im Steinhauser kauft man Schuhe, links daneben beim Feuerstein Werkzeug. Ich muss aufpassen, nicht in einen Kuhfladen zu treten. Rund um den Marktplatz blühen noch viele Wiesen. Morgens und abends treiben Bauern ihre Kühe kreuz und quer über den Marktplatz. Ein Mann tuckert mit seinem Moped an der Kirche vorbei. Beinah gerät sein Reifen in das Gleis der elektrischen Tram, die bis 1938 vom Bahnhof über die Sägerbrücke nach Lustenau fährt.

Schau, dort geht der 16-jährige Albert Bohle mit ein paar anderen Jugendlichen. Es ist fünf Uhr. Aus den Lautsprechern plärrt über den Rundfunk Propaganda. Die Buben kennen sie schon von den Mittagsnachrichten. Sie tratschen und lachen und achten nicht darauf. Ein strammer Polizist marschiert auf sie zu und fährt sie an, was ihnen einfällt, die staatlichen Nachrichten und den Wehrmachtsbericht zu missachten. Die Buben müssen auf den Polizeiposten. Dort ermahnt man sie, den Nachrichten über die großen Schicksale des Vaterlandes mehr Respekt und Aufmerksamkeit zu erweisen. Mit einem Schlag wird Albert klar, wie sich Unfreiheit anfühlt.

Das totalitäre Regime duldet keinen propagandafreien, unpolitischen Raum. Selbst das harmlose Gemeindeblatt wird eingestellt. Albert Bohle möchte sich mündig fühlen, frei und überlegt nach der Wahrheit suchen. Leicht ist das nicht.

Er rückt zum Reichsarbeitsdienst nach Saalfelden ein, wo er den militärischen Drill von einem besonders fanatischen Oberstfeldmeister aushalten und sich politisch schulen lassen muss. Die ganze Gruppe wird nach Südpolen gebracht. Dort muss Albert helfen, den Ostwall zu errichten: eine Verteidigungsanlage aus Schützengräben, Stellungen und Stacheldrahthindernissen. Das soll die sowjetische Armee aufhalten. Albert muss miterleben, wie grausam die deutschen „Herrenmenschen“ mit der einheimischen slawischen Bevölkerung umgehen. Bei Kriegsbeginn werden die jungen Rekruten an die Ostfront geschickt. Der größere Teil der Burschen wird verwundet, kommt ums Leben oder bleibt vermisst. Albert Bohle bleibt dieses Schicksal erspart, weil er in der Kaserne an Hirnhautentzündung erkrankt, die zu spät erkannt wird. Mit schweren Lähmungen an beiden Beinen wird er ins Lazarett nach Lochau verlegt. Später wird er Direktor des BRG und BORG Schoren, wo ich mich acht Jahre lang fragen werde, warum er hinkt.

Vor der Kirche bleibe ich stehen. Am Eingangsportal hängt eine bronzene Tafel, die an die Gefallenen des Ersten Weltkriegs erinnert. Ich suche den Namen von Hildas Vater, meinem Urgroßvater, Franz Xaver Pscheid. Dort steht er.

1915 musste er einrücken. Nach der Einkleidung in Feldkirch ging er die Bahnrampe entlang zum Bahnhof, wurde von einer von hinten kommenden Eisenbahnverschubabteilung erfasst, an die Rampe gedrückt und getötet. Da ist Hilda fünfzehn Jahre alt. Statt des Vaters kehrt eine verbeulte Taschenuhr zurück, die in seiner Brusttasche steckte, als der Zug kam.

Fast hundert Jahre später wird 2011 in dieser Kirche Carl Lampert seliggesprochen.

Wer ist Carl Lampert?

Carl Lampert – der Seliggesprochene

Dem jungen Kaplan in Dornbirn liegen die Jugendlichen besonders am Herzen. Nach dem Kirchenrechtsstudium in Rom wird er 1939 in Innsbruck Stellvertreter von Weihbischof Paulus Rusch. Die Nazis hassen ihn. Weil die Nazis alles hassen, was mit Kirche zu tun hat.

Deswegen wächst meine Mutter Traute in Bischofshofen ohne Bekenntnis auf. Während ihre Mitschülerinnen und Mitschüler Religion haben, muss sie als einziges Kind im Gang vor dem Klassenzimmer sitzen. Sie wackelt mit ihren Beinchen, nagt am Daumen und fragt sich Stunde für Stunde, was sie falsch gemacht hat. Das fragen sie auch Kinder und Lehrerinnen, die an ihr vorbeigehen und sie neugierig anstarren. Darunter leidet sie sehr.

„In Christi nomine pro ecclesia“ (im Namen Christi für die Kirche), sagt Carl Lampert als Gefangener im KZ Sachsenhausen zum Innsbrucker Caritasdirektor, während sie beide hart arbeiten müssen. Lampert hält an seinem Glauben fest. Nach vielen Monaten wird er freigelassen, bekommt aber ein Betretungsverbot für den Reichsgau Tirol-Vorarlberg.

Lampert zieht nach Stettin und arbeitet als Seelsorger und als Geistlicher. Da taucht ein „Ingenieur Georg Hagen“ auf, gibt sich als nazifeindlicher und tiefreligiöser Mensch auf der Suche nach Spiritualität aus und erschleicht sich Lamperts Vertrauen. Er hofft, Lampert zu einer Aussage gegen das NS-Regime bewegen zu können. Als ihm das nicht gelingt, setzt er falsche Behauptungen in die Welt und behauptet einfach, Carl Lampert habe einen Feindsender gehört, worauf Carl verhört und gefoltert wird.

„Herr Lampert, sind Sie doch vernünftig“, sagt der Vorsitzende in Polen, „verlassen Sie die Kirche und das Priestertum. Das ist doch alles nur Hokuspokus. Zeugen Sie Kinder für den Führer Adolf Hitler. Ich werde Ihnen einen guten Posten verschaffen!“

„Herr Kommissar“, antwortet Lampert, „ich liebe meine Kirche. Ich bleibe meiner Kirche treu und auch dem Priesteramt: Ich stehe für Christus und liebe seine Kirche!“

„Was schätzen Sie höher: das Evangelium oder Hitlers ‚Mein Kampf‘?“

„Das Evangelium ist Gottes Wort und verkündet die Liebe. Das Buch des Herrn Hitler ist das Werk eines Menschen und predigt den Hass!“[22]

Carl Lampert wird mit dem Fallbeil geköpft.

Am 13. November 2011, dem 67. Jahrestag seiner Hinrichtung, wird Carl Lampert in Dornbirn seliggesprochen. Zu diesem

Anlass entsteht auf dem unebenen Gelände zwischen Kirche und Pfarrhof ein „Erinnerungsort"; sieben Betonröhren, alle gleich groß, ragen unterschiedlich weit aus der Erde. Ein Symbol für Kraft und Ruhe, die zur Tragfähigkeit beitragen, die es braucht, um von Grund auf Haltung zu bewahren. Die Seitenkapelle trägt nun Carl Lamperts Namen.

In dieser Kapelle erfüllt sich meine Mutter Traute mit Ende vierzig ihren Herzenswunsch: Sie erhält die Sakramente der Taufe, der Erstkommunion und der Ehe.

Wir erwachsenen Kinder sind dabei und können ihre Erleichterung spüren. Endlich muss sie nicht mehr vor der Tür sitzen. Nun ist es ihre freie Entscheidung, ob sie in die Kirche ein- oder aus ihr austritt.

Bemerkenswert viele Gedenkstätten erinnern an Carl Lampert: neben der in Vorarlberg die im Tiroler Stams und Fiecht. In Deutschland stehen welche in Halle an der Saale, in Berlin, Torgau, Hünfeld, Karlshagen, Peenemünde, Zinnowitz und Sachsenhausen. Und eine im polnischen Szczecin (Stettin).

12. März 1938 – der Tag, ab dem es todernst wird

Nimmt man an jenem Samstag das „Vorarlberger Tagblatt" zur Hand, erblickt man zum ersten Mal das Hakenkreuz auf dem Titelblatt. Die Überschrift lautet: „Österreichische Bekenntnisse zum Gesamtdeutschtum". Fahnen! Rufe! Sieg Heil! Die Machtübernahme wird vom „Tagblatt" gefeiert. Schon marschieren sie im Stechschritt. Inszeniert bis in die Armbinden, mit stramm gebügelten Hemden, scharf rasierten Köpfen und eng geschnallten Gürteln. Furchteinflößend.

Am Abend des 15. März ziehen nach Angaben der Gendarmerie 10 000 Menschen zur Kundgebung auf den Marktplatz, der ein paar Jahre Dollfuß-Platz hieß und nun für sieben Jahre Adolf-Hitler-Platz heißen wird. SA-Einheiten, Turnvereine, die Hitlerjugend und der Bund Deutscher Mädel sind eifrig dabei. Eine Abteilung deutscher Schutzpolizei ist gekommen, im Gefolge der Wehrmacht, die am selben Tag 900 Mann

Infanterie in der Stadt stationiert. Anton Plankensteiner macht Paul Waibel zum Bürgermeister. Die beiden und ein General der Schutzpolizei halten Ansprachen. Zum Abschluss singt man das Deutschlandlied.

Zu einer Propaganda-Veranstaltung am 23. März werden 140 Einheimische geladen, die in den Genuss kommen, eine „Kraft durch Freude"-Reise nach Düsseldorf antreten zu dürfen. Der Landesrat und der Vizebürgermeister Sepp Dreher verabschieden sie, die Haselstauder Musik spielt, von einer Motorstaffel begleitet, ziehen alle zum Bahnhof.

Die erste Wahlkundgebung geht am 27. März in der Markthalle über die Bühne, eine Abendveranstaltung vor der Stadtpfarrkirche. 3500 Landwirtinnen und Landwirte, Arbeiterinnen und Arbeiter, angeführt von ihren Vorgesetzten, versammeln sich am Realschulplatz, um über die Vorzüge des Anschlusses belehrt zu werden. Die Massenveranstaltungen werden unterstützt von prominenten Rednern, uniformierten Parteiformationen, Lautsprechern, Scheinwerferanlagen, Fahnenschmuck, Musikkapellen, die sich schnell das richtige Repertoire aneignen.

Im „Vorarlberger Tagblatt" steht: „Nationalsozialisten, bestellt und verbreitet das Vorarlberger Tagblatt, Bezugspreis monatlich 4 Schilling. Fordert es in Gast- und Kaffeehäusern!" „Hakenkreuz-Abzeichen sofort lieferbar. Nur an Wiederverkäufer. Abzeichen-Großhandel Küther, Seefeld i. Tirol." Wer in die Traumwelt des Kinos flüchten will, bekommt im Welt-Ton-Kino Dornbirn „Triumph des Willens" zu sehen, Leni Riefenstahls Film über den Parteitag in Nürnberg.

Der programmierte Höhepunkt der Propagandaschlacht findet zwei Tage vor der Abstimmung im Stadion Birkenwiese vor 25000 Menschen statt. Wem es gelingt, einer dieser Veranstaltungen fernzubleiben, bekommt die höchste Auflage von Plakaten und Flugzetteln zu Gesicht. Ein gigantisches Marketing. Perfekte Message-Control-Nachrichtensteuerung. Lebensmittel werden an ärmere Familien verteilt, große wirtschaftliche Aufbauprogramme angekündigt. Eine Atmosphäre des Aufbruchs. Nationale Hochstimmung, während manchen klar wird, dass sie nun wirklich um ihr Leben fürchten müssen. Wer all das nicht will, lebt gefährlich.

In diesem aufgeheizten Klima zwischen Propaganda, Terror und Opportunismus wird das Volk am 10. April aufgerufen, abzustimmen. Es muss eine Frage mit Ja beantworten, die lautet: „Bist du mit der am 13. März 1938 vollzogenen Wiedervereinigung Österreichs mit dem Deutschen Reich einverstanden und stimmst du für die Liste unseres Führers Adolf Hitler?"

98,57 Prozent stimmen mit Ja.

Endlich können die Nazis ihre Weltanschauung frei zeigen. Sie sind in Feiertagsstimmung, reden von stürmischem, nicht enden wollendem Jubel und schwärmen von tadelloser Ordnung – nicht ein einziger Übergriff komme vor, auch gegen Andersdenkende verhalte man sich sehr nobel.

Viele Landesbeamte werden entlassen oder mit gekürzter Pension in Ruhestand versetzt. Hugo Lunardon ist nicht der einzige Gegner, mit dem bereits in den Stunden des Umbruchs abgerechnet wird. Die Nazis versuchen alle Drohungen wahrzumachen, die sie als radikale Illegale in den Jahren zuvor ausgestoßen haben, etwa gegen den Dornbirner Polizeireferenten Meinrad Natter: „Herr Natter, Sie sind vorgemerkt für das kommende große Reinemachen!"[23]

Wer den illegalen Nazis offen entgegengetreten ist, muss ab sofort mit Verfolgung rechnen. Hugo Lunardon und Kaplan Georg Schelling, Chefredakteur des „Vorarlberger Volksblattes", sind beruflich an vorderster Abwehrfront gegen den Nationalsozialismus gestanden und haben mutige Taten und Worte gewagt. Auch Kaplan Schelling wird verhaftet. Als Priester in Dachau unterliegt er der Willkür der SS-Aufseher. 27 Tage Hungerbunker. 14 Monate Strafkompanie. Schläge und Misshandlungen. Er übersteht die Lagerhaft und nimmt sein Priesteramt wieder auf.

Toni Ulmer – der Heimwehrführer

Im „Ständestaat" war er Landesrat, also Mitglied der Vorarlberger Landesregierung. Am 13. März 1938 wird er als Schulleiter und als Landeskommandant der Heimwehr fristlos aus dem Dienst entlassen und ins KZ Dachau eingeliefert. Weil man keine griffige Anklage zusammenbringt, kommt er nach elf Monaten Haft frei, wird aber mit „Gauverbot" belegt. Schließlich findet er Arbeit bei einer Münchner Baugenossenschaft.

Auch dort wird er politisch verfolgt. Im Zuge der Verhaftungswelle nach dem fehlgeschlagenen Attentat von Stauffenberg auf Hitler am 20. Juli 1944 kommt Toni Ulmer ins KZ Dachau – dank Interventionen besonders aus Dornbirn –, aber nach einigen Wochen wieder enthaftet.

Nach dem Krieg leitet Ulmer die Mädchenschule bis 1961 und parallel dazu die Kaufmännische Berufsschule bis 1950. Danach wird er Bezirksschulinspektor in Feldkirch. In seinem Nachruf heißt es, dass Toni Ulmer nach 1945 die Hand zur Versöhnung gereicht habe. „Er war kein Rückwärtsschauender, sondern einer von jenen, die immer wieder Hand für die Zukunft anlegten."[24]

August Weiß – der Deserteur

Ich sehe einen blassen, kleinen Jüngling mit dunklem Haar. Das ist der 19-jährige August, Sohn des Kaminkehrers Weiß – prima Nachname für einen Kaminkehrer, finde ich.

Ich stelle mir vor, wie August hinter dem Steinhauser steht und nicht glauben kann, was er sieht. Warum heben alle ihre Hände zum Hitlergruß? Wie können die Leute so fanatisch sein? Merken sie denn nicht, was hier passiert? August findet es falsch, über andere Menschen zu herrschen. Er will diesen Krieg nicht. Schon als Kind lehnte er es ab, mit Panzern und Pistolen zu spielen. Sollte er jemals eigene Kinder haben, wird er es ihnen verbieten. August glaubt an Gott und die Nächstenliebe. Er findet alle Religionen – egal, ob Hinduismus, Buddhismus, Christentum, Islam oder Judentum – in Ordnung, solange man Menschen achtet. Es gibt keinen Grund, sich besser oder schlechter zu fühlen als ein anderer. Das gilt auch für Nazis.

Nachbarn. Und Schulfreunde. Verwandte. So viele brüllen mit. Nur August nicht. Er muss die Firma F. M. Hämmerle im Oktober 1939 verlassen. Man nötigt ihn, nur 1,65 Meter groß und schmächtig, im Montafon für die Illwerke einen Stausee zu bauen. Rund um ihn herum werden Tausende zur Arbeit gezwungen. Er findet das Treiben der Nazis immer abscheulicher. Ein Jahr später muss er zum Militärdienst ins Allgäu, exerzieren und marschieren, Drill und Zucht und Ordnung ertragen. Lieber würde er wieder Steine schleppen. Dann geht's zu den Gebirgsjägern nach Salzburg. Wie schrecklich, diese Kaserne.

August macht nicht mehr mit und verlässt die Truppe. Über Kärnten will er nach Jugoslawien flüchten. An der Grenze wird er gewarnt, dass deutsche Truppen Jugoslawien überfallen. Mit dem Zug fährt er zurück nach Vorarlberg. Das ist ganz schön kompliziert. Seine Mutter will, dass er sich stellt, aber er möchte in die Schweiz. In Frastanz in der Kirche bittet er Gott um Verzeihung und um Hilfe, dass ihm die Flucht gelingt. Gott hört weg. Nahe der Liechtensteiner Grenze wird August Weiß verhaftet – jemand hat ihn verpfiffen.

In der Zelle 28 im Zuchthaus in Salzburg wartet er auf sein Todesurteil. Bestraft wird er mit etwas Schlimmerem als dem Tod: dem Moor!

Im gefürchteten Konzentrationslager Esterwegen, ganz oben an der niederländischen Grenze, wo es schaurig dampft, wo es wimmelt und aus jeder Spalte zischt, wo der Wind säuselt, Riesenhalme wie Speere gespenstisch in den Nebel ragen und ausgemergelte Körper ihre Seelen aushauchen. „Der Knabe im Moor“ im Gedicht von Annette von Droste-Hülshoff hat im Gegensatz zu August einen Schutzengel in der Nähe.

August wird Moorsoldat und bekommt die Nummer 503/41. Das also bedeutet es, Glück zu haben. Er ist in der Hölle gelandet. Gummiknüppel, Schläge, Misshandlungen, barbarische Arbeit. Tausende verrecken. August magert auf 35 Kilo ab. Er isst Regenwürmer, Brot mit Torf, im Brot ein Schuhnagel und ein schwarzer Käfer. Durst. Kieselsteine im Mund. Vom Moorwasser kriegt er blutigen Durchfall. Wer eine faule Kartoffel stiehlt, wird zu Tode geprügelt. Die Wachmänner sind unberechenbar.

Wird er noch einen Tag überleben? Und noch einen? Eineinhalb Jahre hält er durch. Schreiben hilft ihm. Irgendwie schafft er es, die Hoffnung nicht zu verlieren. Dabei stärken ihn kleine Erlebnisse jenseits des Terrors: die kleine Pantomime-Aufführung eines früheren Professors. Der Herr mimt Erdarbeiter aus verschiedenen Nationen mit so viel Witz, dass alle lachen müssen. August klammert sich an die letzte Strophe aus dem Lied „Die Moorsoldaten: Doch für uns gibt es kein Klagen. Ewig kann's nicht Winter sein. Einmal werden froh wir sagen: Heimat, du bist wieder mein! Dann ziehen die Moorsoldaten, nicht mehr mit dem Spaten, ins Moor."

Meine Güte, so oft habe ich das Lied bei Ulrich „Gaul" Gabriel im Musikunterricht gesungen und nicht erkannt, worum es ging, weil ich nicht aufgepasst habe.

Nach der Lagerhaft kommt es noch schlimmer. Den Nazis gehen die Soldaten aus. August wird für den Fronteinsatz vorbereitet: brutales Strafexerzieren mit Parademarsch, nichts als Parademarsch. Dann erwartet ihn die russische Front. Er wird, wie alle anderen Soldaten, den Kanonen zum Fraß vorgeworfen. Einen ganzen Tag lang liegt er bei strömendem Regen in einem Niemandsland hinter einem Erdhügel, rundherum sind alle tot. Als er sich kurz hebt, schießt man ihm den Kragen weg. Alles nass. Ein Splitter im Kopf. Ein Splitter im Fuß. Irgendwann ist es vorbei. Purer Zufall, dass er noch lebt.

Im Herbst 1946 kehrt er nach Dornbirn zurück. Was er vorfindet, kommt ihm fast noch schlimmer vor: Viele Täter sitzen noch auf den gleichen Posten. Nichts ist ihnen passiert. Wie kann das sein?

Der Schuldige ist August. Der Spielverderber. Sie machen einen Bogen um ihn. Spucken aus. August, das Kameradenschwein. Der Deserteur. Nur schwer kriegt er Arbeit, buckelt am Bau, bis er Anfang der 1960er-Jahre bei Zumtobel Leuchten unterkommt. August verliebt sich in Elsa, eine Krankenschwester. Sie gesteht ihm, nicht kochen zu können. Kein Problem für August, ein wenig Riebel genügt. Im Forach bauen sie ein Haus und bekommen zwei Söhne, die in einem biologischen Paradiesgarten aufwachsen. Chemie lehnt August ab. Die ganze Familie ernährt sich nur vegetarisch. Kein Tier soll sterben. Beide Söhne leisten Zivildienst. Zuhause liegen überall Bücher: Fromm, Freud, Adler, Zweig, Canetti. August sammelt an die 4000. Er hält viele Vorträge in Schulen und wird nicht müde zu glauben, dass wir aus Fehlern lernen werden.

In Österreich ist er der erste Deserteur, der eine Entschädigung aus dem NS-Opferfonds erhält. Leider schleppt sich die bürokratische Umsetzung eines neuen NS-Opferfürsorgegesetzes in Vorarlberg besonders lange dahin. Der Antrag von August Weiß wird erst nach seinem Tod 2008 vom Amt behandelt und erledigt.

Bei Goethe, sagt August Weiß, heiße es: „Ich fühle, dass ich die Anlagen zu allen Verbrechen in mir trage." Er fügt hinzu: „Das war ehrlich, aber einseitig. Er hätte auch sagen sollen: Ich fühle, dass ich die Anlagen zu allem Guten in mir trage. Beides stimmt. Wieder ganz anders ausgedrückt, in jedem Menschen ist ein Engel und ein Teufel. Wir können alle sagen: Mea culpa, mea culpa, mea maxima culpa![25]"

Rudolf Bodemann – der Wehrhafte

Ich stelle mir vor, dass am Brunnen ein schlanker Mann mit länglichem Gesicht steht. Er heißt Rudolf Bodemann. Aufgewachsen ist er im Steinen, unterhalb des Karren, gemeinsam mit elf Geschwistern, alles Handwerker, der Vater ein Sticker. Rudolf ist Mineur und Hilfsarbeiter.

1939 heiratet er Elisabeth Katharina Feurstein. 1940 tritt er in die Partei ein. Im gleichen Jahr kommt Tochter Marlies zur Welt, ein Jahr später der kleine Rudolf. Während die Kleinkinder in Dornbirn gewickelt und gefüttert werden, kämpft Rudolf an der Eismeerfront. Die verläuft nördlich vom russischen Murmansk und Norwegen. Dahinter kommt nur noch

Spitzbergen. Von Norwegen will man gegen die Sowjetunion vordringen, mit dem Ziel, Murmansk zu erobern und dadurch die Eisenbahnverbindung der Murman-Bahn zu unterbrechen, die von strategischer Bedeutung ist.

„In drei Tagen sind wir in Murmansk!“, hört man es brüllen. Tatsächlich setzen Hitlers Soldaten nie einen Fuß in die Stadt Murmansk, es sei denn als Gefangene. Moderne Kriegsführung? Davon spürt Rudolf nichts. Die Soldaten bewegen sich durch gänzlich unbekanntes Land, jenseits der russischen Grenze, in unwegsamem Gelände.

Rudolf schreibt Briefe nach Hause und deutet an, sich von innen wehren zu wollen. Offensichtlich tut er das, denn im Juni 1942 wird er wegen „Zersetzung der Wehrmacht“ im finnischen Parkkina erschossen. Im Erinnerungsbuch an die Gefallenen des Zweiten Weltkriegs gilt Rudolf Bodemann als „gefallen“. Vermutlich wird er nie rehabilitiert. Mit ihm sterben vier Brüder im Zweiten Weltkrieg. Kann man sich den Schmerz der Eltern vorstellen? Sein Vater lebt bis 1970.

3. Marktstraße und die Juden

„Ach, schon wieder ein Jud'", entfuhr es meiner Mutter, wenn sie versehentlich eine Falte in ein Kleid bügelte. In der Tischlerei von Opa Josef musste ebenfalls „ein Jud'" herhalten, wenn geleimtes Furnier unerwünschte Wellen warf. Sobald wir ein Problem haben, brauchen wir einen Schuldigen. Einfache Wahrheiten und klare Feindbilder. So reizvoll. Die Pest, Flüchtlinge, Klimawandel oder Corona, irgendeinen George Soros findet man immer, den man zum Staatsfeind Nummer eins machen kann, um von eigenen Fehlern abzulenken.

Kein Jude hat je eine Falte in das Kleid meiner Mutter gebügelt, noch hatte je ein Jude seine Hände am Furnier meines Opas Josef.

Ich war neunzehn Jahre alt, als ich zum ersten Mal einen Juden kennenlernte. Er war Bassist und lebte in Wien. Das tut er immer noch. Ich glaube, ich starrte ihn wie ein exotisches Tier an, als ich von seiner Herkunft erfuhr. Noch seltsamer war mir zumute, als ich von seinen betagten Eltern eingeladen wurde und bei Kaffee und Kuchen Menschen gegenübersaß, deren Großeltern, Eltern, Schwestern und Brüder im KZ ermordet worden waren, von Menschen, die dachten wie mein Opa Leopold, meine Oma Hartwiga und, wie ich befürchten muss,– wie mein Opa Josef und meine Oma Hilda.

Ich stocherte im Kuchen, starrte einen siebenarmigen Kerzenhalter an, der auf einer Anrichte vor einer mintgrünen Tapete stand, während mich Fragen würgten, die ich mich nicht zu stellen traute. Die Eltern meines Freundes hatten einen fremden Akzent. Immer wieder fiel das Wort „Israel". Dorthin waren sie ausgewandert, ehe sie im Alter wieder nach Wien zurückgekehrt waren.

Josefina Zumtobel

In Dornbirn lebten nur sehr wenige Menschen jüdischen Glaubens. 42 wurden bei einer Volkszählung 1934 im ganzen Land registriert. Ihr Schicksal entschied sich, ich weiß nicht warum, in der Marktstraße. Hier auf Nummer 12 betrete ich einen Buchladen, reise ins Jahr 1913 und lande am Sitz der Vorarlberger Buchdruckerei-Gesellschaft, aus der die Offset-Druckerei Schwarzach hervorgehen wird.

An dieser Adresse werden das „Vorarlberger Tagblatt" und unzählige NS-Schriften gedruckt. Das „Vorarlberger Tagblatt" ist die Zeitung der Großdeutschen Volkspartei in Vorarlberg und tendiert nach 1933 immer stärker zum Nationalsozialismus. Nach der Machtübernahme wird es die Monopolzeitung in Vorarlberg und geht 1939 in das Eigentum der NSDAP über.

Bis dahin ist der Verleger der Rechtsanwalt Anton Zumtobel (1876–1947), ein Mitglied der Burschenschaft Cheruskia, zeitlebens radikaler Deutschnationaler und aktiver Politiker für die großdeutsche Idee. Er heiratet die Witwe Melitta Rhomberg, verw. Albrich, die beliebte Wirtin des modernen Café Watzenegg. Die Ehe hält nicht lange.

Ein Bruder von Anton heißt August (1871–1952). Die beiden Brüder wohnen in der herrschaftlichen Villa an der Ecke Dr.-Waibel-Straße/Goethestraße. Jedem steht ein eigenes Stockwerk zur Verfügung. Ihr Vater Franz Martin gründete 1862 eine Wachszieherei und 1898 ein Gemischtwarengeschäft. Ihr Bruder Otto (1869–1943) nimmt im selben Jahr die erste handbetriebene Kaffeerösterei in Betrieb und lagert in Triest Gewürze, Kaffee und Kolonialwaren. Alles tüchtige Geschäftsleute, die Zumtobel.

August führt ein florierendes Kurzwaren- und Kolonialwarengeschäft gegenüber von Antons Druckerei. Das Haus mit der Nummer 15 ragt als einziges tiefer hinein in die Straße. Vom ersten Stock blickt man weit in die Marktstraße stadtauswärts.

August muss im Ersten Weltkrieg kämpfen. 1919, auf dem Weg vom Balkan zurück nach Hause, legt er in Wien eine Pause ein. Im Wirtshaus „Die drei Husaren" stärkt er sich. August ist klein und introvertiert. Allein sitzt er an einem Tisch und staunt über eine illustre große Runde, die neben ihm tafelt. „Na, gnä' Herr, wollen Sie sich zu uns setzen?", fragt sein künftiger Schwiegervater, der etwa gleich alt zu sein scheint. August nimmt das Angebot an. Es wird gegessen und getrunken. Spätnachts landet August in der Stadtwohnung des Herrn. Ein langer Flur. Am Ende ein großer Sessel mit einem Fußschemel. Der Herr des Hauses nimmt Platz. Da nähert sich die Tochter – Josefina Hirschmann, von allen „Pipsi" genannt.

Sie kniet sich vor ihren Vater, zieht ihm die Schuhe aus und die Patschen an. Das beeindruckt August. Die Männer trinken Hochprozentigen und stecken ihre Pfeifen an, während Pipsi sie am Klavier unterhält. 27 Jahre jünger als August, arbeitet sie am Empfang des Warenhauses Herzmansky in der Mariahilfer Straße. Das Herzmansky ist das größte Textilkaufhaus der soeben untergegangenen Monarchie. Hier bekommt man Samte, Plüsche, Seidenstoffe, Wolle, Waschstoffe, Spitzen, Modewaren und Teppiche.

August vergnügt sich mit Pipsi im Prater. Von hinten umfasst er ihre Taille, weil er wissen will, ob sie eines dieser grauenhaften Korsetts trägt. 1922 heiraten sie im Wiener Rathaus. Im gleichen Jahr tritt Pipsi, deren Vater Jude ist, aus der Israelitischen Kultusgemeinde aus. Tochter Sigrun Isolde kommt zur Welt. Ein Jahr später, 1923, wird August Tristan geboren. Tristan und Isolde – wie Hitler verehrt auch August den Komponisten Richard Wagner.

Die Familie zieht nach Dornbirn. In der Zumtobel-Villa will Josefina nicht wohnen, weil dort Augusts Bruder Anton lebt, der Verleger und Rechtsanwalt. Also lässt August für Pipsi den zweiten Stock in der Marktstraße 33 umbauen, in einem Gebäude, in dem später die Vorarlberger Naturschau, ein Modegeschäft, ein Kunstmuseum, das Vorarlberger Architektur-Institut, ein Szenelokal und eine Buchhandlung unterkommen werden, nachdem die Familie das Haus verkaufen musste.

In jedem Zimmer gibt es eine Klingel. Pipsi beschäftigt eine Haushälterin, eine Köchin, ein Kindermädchen, eine eigene Schneiderin und einen Chauffeur. Von dem lässt sie sich zum Einkaufen nach St. Gallen fahren. Den kleinen August Tristan steckt sie in einen Samtanzug und lässt ihn ins feudale

Café Watzenegg bringen. Viel lieber würde der Kleine mit den Nachbarskindern auf der Marktstraße spielen. Die dürfen schmutzige Lederhosen tragen, sind barfuß und wegen der Kopfläuse kahlgeschoren. Der kleine August lässt sich auch den Kopf scheren. Als Pipsi von einer Wienreise zurückkehrt, fällt sie deswegen fast in Ohnmacht.

In der Stadt ist sie bekannt wie ein bunter Hund. Als erste Frau in Dornbirn zeigt sie sich mit einem hellblonden Bubikopf. Sie trägt rote und grüne Schuhe, kleidet sich extravagant, ist weltoffen und modern. Wenn sie über den Marktplatz geht, drehen sich alle nach ihr um. Zum Straßenkehrer sagt sie: „Tu dein Schauferl auf die Seite, jetzt komm' ich."[26] Viel wird hinter ihrem Rücken über sie geredet. Verwöhnt sei sie, die Pipsi Hirschmann, aber charmant und lebenslustig. Der Kaufmann Bertolini leiht sich von ihr private Accessoires aus, um sein Schaufenster zu schmücken.

Eines Tages, als ihr Mann von einer Geschäftsreise zurückkommt, sind Pipsi und die Kinder weg. Mit einem Rittmeister sei sie durchgebrannt, heißt es. August schickt einen Detektiv nach Wien, der die Kinder zurückholt. Pipsi darf das Haus in Dornbirn nicht mehr betreten, bekommt aber monatlich einen Geldbetrag geschickt.

Ihre Kinder August Tristan und Sigrun Isolde wachsen in einem judenfeindlichen Umfeld auf. Die Nazis gewinnen an Einfluss und Macht. Der junge August Tristan besucht die Handelsakademie in Innsbruck und gehört zur Reiter-Hitlerjugend. Sigrun Isolde verliebt sich zum Entsetzen ihres Vaters in einen Polizisten. Sie wird BDM-Führerin und findet dort erstmals so etwas wie familiären Halt. Doch ab 1938 wird in Österreich ein amtliches Dokument verlangt, in dem nachgewiesen werden muss, ob man jüdisch oder „arisch" ist. Weil Josefina Pipsi Hirschmann „Halbjüdin" ist, darf Tochter Isolde Sigrun nicht mehr BDM-Führerin sein und muss auf dem Marktplatz öffentlich ihrer Liebe zu dem Polizisten abschwören.

Pipsi in Wien hat Glück. Ihr Bruder war im Ersten Weltkrieg ein herausragender Kampfpilot. Offenbar wird sein Können so dringend gebraucht, dass die Familie die NS-Zeit unbehelligt überlebt. August senior stirbt 1952. Erst danach kommt Pipsi wieder zu Besuch nach Dornbirn, wo sie ihre fünf Enkelkinder kennenlernt.

Ihre Enkelin Uli Zumtobel, die das Modegeschäft ihres Vaters August Tristan in der Marktstraße 15 übernimmt, hat einen besonderen Draht zu ihr. Sie erlebt Josefina Hirschmann als aufgeschlossene, weltoffene Frau, die mittellos und vereinsamt 1980 in Innsbruck stirbt.

Familie Turteltaub – die einzige jüdische Familie

Wenige Häuser weiter, in der Marktstraße 39, in dem später einmal ein Blumengeschäft sein wird, sucht Edmund Turteltaub sein Glück und eröffnet 1930 das Warenkredithaus Fortuna. Auch er kam in Wien zur Welt, maturierte in Innsbruck und studierte in München Chemie. Es gelang ihm nicht, als Diplomingenieur Arbeit zu bekommen. Nun also Kaufmann.

Ausgerechnet in Dornbirn. Wo es bereits dreiundfünfzig gezählte Manufakturwarenhändler gibt. Die Kaufmannschaft ist über den vierundfünfzigsten wenig erfreut. Edmund heiratet Gertrud aus Lundenburg, das Teil der Monarchie war, nun zur Tschechoslowakei und später einmal zu Tschechien gehören wird.

Nach der Geburt des ersten Sohnes Hans 1932 übersiedelt die junge Familie mit dem Geschäft in die Lustenauer Straße 3. Zur Vermieterin Rosa Walter haben sie ein gutes Verhältnis, und zu deren Sohn Bruno, der später einmal ein legendärer Stadtpolizist werden wird, weil er am Marktplatz im Auge des Verkehrs steht, den er mit der Trillerpfeife und seinen Armen regelt.

1935 kommt der kleine Walter Turteltaub zur Welt. Platz gibt es nicht genug, aber irgendwie hat man es immer noch geschafft. Ein Zimmer in der Wohnung muss als Geschäft, Verkaufs- und Lagerlokal genügen. Von der Geschäftsverlegung in die Lustenauer Straße können die „geschätzten Kunden von Dornbirn und Umgebung“ in einem Inserat im Gemeindeblatt lesen: „Wir bleiben bemüht, Sie stets aufrichtig und entgegenkommend zu bedienen und Ihr Vertrauen auch weiterhin zu erhalten."

Viel verdienen die Turteltaubs nicht, aber für ein geregeltes Familienleben reicht es irgendwie. An einem freien Tag sitzen sie auf der Veranda. Auf dem Tisch liegt ein weiß gesticktes Tuch. Der Kaffee dampft neben einer Blumenvase. Gertrud im Korbsessel trägt eine Bluse und hat hübsch gewelltes Haar. Edmund, in weißem Hemd und Lederhose, hält ein Stück Kuchen in der Hand. In einem Kinderhochsitz der kleine Hans. Alle lächeln in eine Kamera.

Wie es ihnen tatsächlich geht? Wo die Propaganda rund um sie herum lauter und aggressiver wird? Wo man ihnen alles Unglück der Welt in die Schuhe schiebt? Wo von ihrer Ausrottung das Glück der Welt abhängt? Die Kinder spielen im Hof. Der blond gelockte Walter winkt aus der Seifenkiste. Hans lenkt stolz sein Dreirad. Eine ganz normale Familie.

Bis in der Nacht des 11. März 1938 Nazis aus dem Hatlerdorf vor das Haus ziehen, Steine in die Wohnung werfen und antisemitische Parolen brüllen: „Henkt die Schwarzen, henkt die Juden."[27] Nach diesem Angriff lässt man sie noch ein bisschen „normal" leben. Edmund wird als Ersatzmitglied in den Kultusvorstand der jüdischen Gemeinde in Hohenems gewählt, die auf 27 Seelen geschrumpft ist. Der kleine Hans darf sein erstes Schuljahr in der Knabenvolksschule im Hatlerdorf beginnen, dann wird ihm der Schulbesuch verwehrt. Edmund muss sein Geschäft auflassen.

Sein 70-jähriger Vater wird in Innsbruck brutal misshandelt, sein Bruder und der Neffe werden in Schutzhaft genommen. Rosa Walter, die Vermieterin, bekommt eine Vorladung ins NSDAP-Parteilokal der Ortsgruppe Hatlerdorf, das nur wenige Häuser weiter in der Lustenauer Straße ist. Man fragt sie, wie lange sie „die Juden noch zu beherbergen denke". Der Hatler Ortsgruppenleiter poltert: „Wir wollen Dornbirn judenrein haben."[28] Rosa zeigt den gültigen Mietvertrag mit zweimonatiger Kündigungsfrist. Trotzdem wird sie gezwungen, der

Familie die Wohnung aufzukündigen. Edmund Turteltaub verkauft seinen ganzen Besitz, wird aber innerhalb der Kündigungsfrist nicht fertig mit dem Umzug. In seiner Not fährt er nach Bregenz und bittet die Gestapo um Aufschub. Dort ist man ein wenig ratlos: Die Gestapo habe die Kündigung nicht gefordert und von der ganzen Angelegenheit keine Ahnung. Tatsächlich ist die Kündigung auf dem Mist der NSDAP Hatlerdorf gewachsen.

Die Turteltaubs müssen nun, wie alle Juden Vorarlbergs, die neu eingeführten „Kennkarten für Juden" beantragen. Fünf Passfotos sind abzugeben, die Fingerabdrücke werden ihnen abgenommen. Den Reisepass müssen sie abgeben. Stattdessen bekommen sie einen Ausweis mit dem Zusatzvornamen Sara oder Israel. Sie müssen ihr Vermögen an- und den Führerschein abmelden.

Vom Alltagsleben werden sie ausgeschlossen, stattdessen mit Ver- und Geboten überschüttet. Sie dürfen ihren Beruf nicht mehr ausüben. Kinder dürfen nicht mehr in die öffentliche Schule. Sie dürfen kein Fahrrad mehr benützen und nicht an Kultur- und Sportveranstaltungen teilnehmen. Sie müssen Radios und andere elektrische Geräte abliefern. Es ist ihnen verboten, nach Einbruch der Dunkelheit spazieren zu gehen.

Ich war einmal am Wannsee in Berlin bei einem Sommerfest. Ein literarischer Verlag feierte dort sein zehnjähriges Bestehen. Ein befreundeter Lyriker hatte mich eingeladen. Nach einigen Regentagen schien die Sonne. Bienen summten im Flieder. Ich nippte an meinem Sekt, unterhielt mich mit dem Freund und fühlte mich gut. Auf dem glitzernden Wasser schaukelten Ruderboote. Da zeigte mein Freund auf die gegenüberliegende Seite des Sees.

Eingerahmt von mächtigen Bäumen stand dort eine weiße Villa. Schöne Villa, dachte ich mir und brauchte lange, ehe ich verstand, was er mir zeigen wollte: In dieser Villa haben fünfzehn Männer darüber getagt, wie man schnell und effektiv Millionen Menschen umbringen und deren Leichen entsorgen kann. Der Plan: Keiner soll überleben. Die Organisation muss straff und exakt sein, die Logistik brutal. Den Sekt stellte ich weg. Als ich diesen Ort mit eigenen Augen sah, wurde mir plötzlich klar, dass das wirklich passiert ist, dort drüben, auf der anderen Seite des Sees, in dieser Villa. Ich habe zur Wannsee-Konferenz recherchiert. Seither merke ich mir den Namen Heydrich. Und den Namen Irmfried Eberl. Der war kein Berliner, sondern ein Bregenzer. Kein Mitläufer, sondern ganz, ganz vorne dabei.

Eberl selbst nimmt erste „Probevergasungen" von Kranken vor, schreibt das sogar in seinen Taschenkalender und wird leitender Kommandant im KZ Treblinka. Als das Warschauer Ghetto liquidiert wird und die ersten Opfer in Treblinka eintreffen, berichtet er seiner Frau Ruth nach Bregenz, dass „hier in Treblinka ein Tempo eingesetzt hat, das geradezu atemberaubend ist. Wenn ich vier Teile hätte und der Tag 100 Stunden, dann würde das wahrscheinlich auch noch nicht ganz reichen."

Die Leichen häufen sich so, dass die einfahrenden Opfer vom Zug aus sehen können, was sie erwartet. Deshalb wird der „ordentliche Alemanne" Eberl abgesetzt. Fortan widmet er sich der „wilden Euthanasie", ermordet Frauen, Kinder und „lebensunwertes Leben". Nach dem Krieg lässt sich Eberl im schnuckeligen Blaubeuren nieder, praktiziert als Arzt ungestört vor sich hin und heiratet zum zweiten Mal. Aber die Amerikaner werden auf seinen Namen aufmerksam. Schlussendlich erkennt ihn eine Krankenschwester auf einem Foto. Eberl erhängt sich 1948 in einer Gefängniszelle in Ulm.

Ein Jahr nachdem die ersten Steine geflogen sind, übersiedelt die Familie Turteltaub nach Wien. Die Nazis haben die „Zentralstelle für jüdische Auswanderung" errichtet, die von Adolf Eichmann geleitet wird. Ihr einziger Zweck ist, möglichst viele Jüdinnen und Juden aus Österreich zu vertreiben und ihren Besitz zu beschlagnahmen. Für viele von ihnen ist es schwer, ein Aufnahmeland zu finden. Edmund Turteltaub erhält die

Zusage für ein bolivianisches Visum und kann Schiffskarten von Genua nach Uruguay besorgen.

Bruno Walter, der spätere Polizist, besucht die Familie Turteltaub in Wien. In einem Brief an Rosa Walter schreibt Edmund, dass er eine Anstellung in Uruguay bekommen habe. Vielleicht wird doch noch alles gut. In Genua wollen sie an Bord gehen, zuerst reisen sie nach Mailand, wo die meisten jüdischen Flüchtlinge Italiens leben.

Dort sitzt die Familie im August 1939 in einem Café. Man sieht ihnen an, dass sie viel erlebt haben, trotzdem wirken sie zuversichtlich und befreit. Das rettende Schiff nach Uruguay soll am 2. September 1939 von Genua ablegen.

Einen Tag davor beginnt mit dem deutschen Überfall auf Polen der Zweite Weltkrieg. Die letzte Chance, nach Südamerika zu kommen, ist verloren. Ihre Pässe sind jetzt ungültig. Die Turteltaubs müssen in Italien bleiben und werden herumgeschoben, an kleinen entlegenen Orten interniert, beaufsichtigt von der lokalen Polizei. Edmund wird in Mailand verhaftet und an einen Ort bei Aquila überstellt. Gertrud bleibt mit den Kindern in Mailand. In einem großen Internierungslager in Süditalien werden sie zusammen untergebracht. Gertrud ist schwer krank, was die Situation noch unerträglicher macht. Wenige Tage bevor die rettenden Alliierten in Italien eintreffen, verlässt ein „Transport" das Lager.

Nach vier Tagen im Viehwaggon treffen Edmund, Gertrud, Hans und Walter Turteltaub, gemeinsam mit tausend Männern, Frauen und Kindern, in Auschwitz ein. Sofort nach der Ankunft werden Hans (13) und sein Bruder Walter (9) in den Gaskammern ermordet. Ihre Eltern Edmund (44) und Gertrud (40) werden in das Lager zur Zwangsarbeit eingewiesen.

Die Befreiung des KZs durch sowjetische Truppen im Januar 1945 erleben sie nicht mehr. Die Ermordung der ganzen Familie kann erst 1996 geklärt werden. Bis dahin vermutet man in Dornbirn, dass die Familie nach Uruguay flüchten konnte. Einstimmig beschließt der Stadtrat, ihre Namen auf dem Gedenkstein für die Opfer des Nationalsozialismus nachzutragen. Die einzige jüdische Familie Dornbirns darf nicht aus dem Gedächtnis der Stadt verschwinden.

Bernhard Schwarz – der Schneider

Zu jenen vergessenen Menschen gehört auch Bernhard Schwarz. 1862 in Niederösterreich geboren, kommt er um die Jahrhundertwende nach Dornbirn. Er lässt sich als Schneider und Kaufmann in Dornbirn nieder und heiratet Olga Bergler aus Wien. Um das Jahr 1930 verlegt Bernhard Schwarz sein Schneidergeschäft in die Marktstraße 63, wo später einmal eine Apotheke sein wird. Er nennt es „Wiener Kleider- und Konfektionsgeschäft“.

Ich stelle mir den alten Schneider vor, ein Maßband um den Hals, wie er mit der Schneiderkreide und einem Holzlineal eine Linie auf einen Stoff zeichnet, wie er, immer noch geschickt, mit Nadeln einen Saum absteckt. Ein alter, stiller Mann, der immer brav gearbeitet hat und sich nichts zuschulden hat kommen lassen. Das Gebrüll der Nazis ist zwar laut, aber er kann schlicht nicht glauben, dass er oder seine Frau als rechtschaffene Menschen verfolgt oder gar getötet werden sollen. Um über die Runden zu kommen, muss Bernhard Schwarz noch mit über siebzig sein Geschäft führen und sich um Olga kümmern, die Krebs hat. Die beiden sind kinderlos. Ob sie wenigstens ein paar Freunde haben?

Ich stelle mir vor, wie Bernhard Schwarz am 8. April 1933 frühmorgens aufwacht, weil er Gelächter auf der Straße hört. Es ist ein Samstag. Bernhard und Olga Schwarz wohnen ein paar Häuser neben dem Laden, in der Marktstraße 42. Bernhard kämpft sich aus dem Bett. Er muss ins Geschäft, vorher aber noch schauen, wie es Olga heute geht, ob sie etwas braucht. Sie liegt im Bett, schwach und blass, und fragt, was auf der Straße los ist.

Bernhard weiß es nicht, trinkt einen dünnen Muckefuck und macht sich auf den Weg in den Laden. Als er ankommt, stehen Fußgänger im Kreis und lachen schäbig. Als sie Bernhard sehen, treten sie zurück und lachen lauter. Da erkennt er die rot gemalten Buchstaben, kneift die Augen zusammen und braucht eine Weile, bis er versteht: „Kauft nicht bei Juden!"

Ich stelle mir vor, dass er in seinen Laden rennt, schnell die Tür hinter sich zuschlägt und sein Herz so heftig schlägt, dass er sich fast übergeben muss. Was wirklich in ihm vorgeht? Ob er Knöpfe sortiert und Stoffballen zusammenrollt? Ob an jenem Tag viele Leute etwas bei ihm kaufen?

Ich stelle mir vor, dass Olga am Abend wissen will, was auf der Straße los war, wie Bernhard schluckt und sagt: „Nichts, Olga. Mach dir keine Sorgen." Aber sie erfährt es trotzdem. Denn zwei Tage später liest ganz Dornbirn im „Vorarlberger Tagblatt": „Am Samstagmorgen bot sich Fußgängern vor einem Geschäft in der Marktstraße ein sonderbarer Anblick. Auf dem Gehsteig waren die in roter Farbe gemalten Worte zu lesen: Kauft nicht bei Juden!"[29] Die Schmieraktion hat „Heiterkeit erregt".

Das alles passiert 1933. Adolf Hitler wird Reichskanzler, die NSDAP in Österreich verboten. Bis zum tatsächlichen Kriegsausbruch vergehen noch sechs Jahre.

Meine Großmutter Hilda fragt sich jetzt vielleicht auch, wo sie sich denn nun ein neues Kleid nähen lassen soll. Bisher ist man damit zum Schwarz gegangen. Man ist immer zum Schwarz gegangen. Ein netter Mann. Eigentlich hat er seine Arbeit gut gemacht. Aber zu dem kann man ja jetzt nicht mehr gehen. Da reden die Nachbarn. Da geht man doch lieber zum August Zumtobel, zum Bertolini, zum Garzon oder in eines der anderen vielen Geschäfte, dann ist man auf der sicheren Seite. Und eigentlich tut's das alte Kleid auch noch eine Weile.

Hilda geht nicht mehr zu Bernhard Schwarz. Da sie mit dem Garten in der Kehlerstraße und der Tischlerei in der Eisengasse voll eingedeckt ist, kommt sie selber wenig zum Nähen. Ihre Kleider lässt sie später von Frau Fulterer anfertigen. Die wohnt in der Nachbauerstraße in der neuen Südtirolersiedlung – auch eine Idee von Hitler. Er hat die nach dem Ersten Weltkrieg verloren gegangenen Südtiroler „heim ins Reich" geholt.

Wie weit der Aufruf zum Boykott Bernhard Schwarz tatsächlich schadet, weiß ich nicht. Aber ich weiß, dass Olga an ihrem Krebsleiden stirbt und Bernhard sein Geschäft aufgeben muss. Das ganze Leben lang gearbeitet, landet er völlig mittellos und wahrscheinlich sehr einsam im städtischen Armenhaus, wo er im Februar 1940 stirbt. Mit seinem Tod gilt die Stadt offiziell als „judenfrei." Vom Untergang der kleinen Leute wissen wir viel zu wenig.

Ich hoffe, dass Bernhard Schwarz im Armenhaus hin und wieder ein nettes Wort gehört hat. Vielleicht von der Fürsorgerin Selma Mitteldorf. Aber nein, das geht ja gar nicht, denn als Bernhard stirbt, ist Selma Mitteldorf schon ein Jahr lang tot. Sie ist das erste jüdische Opfer von Dornbirn. Begegnet sind sich Bernhard und Selma bestimmt, auch wenn sie vielleicht nichts voneinander wussten. Denn auch Selma wohnte und arbeitete in der Marktstraße. Sie arbeitete in der Marktstraße 45, schräg gegenüber von Bernhards Wohnung. Sie wohnte in der Marktstraße 71, nur ein paar Meter neben Bernhards Schneiderei. Wer war Selma Mitteldorf?

Selma Mitteldorf – die Fürsorgeschwester

In Hannover wird sie 1887 geboren. Ihre Mutter ist Jüdin. Selma kommt aus sehr gutem Haus. Ihr Bruder stirbt mit neun Jahren, was sie schlimm trifft. Die Familie hatte angeblich einen großen Betrieb, eine Seidenraupenspinnerei, die jedoch vor dem Ersten Weltkrieg den Bach hinuntergeht. Da die Eltern offenbar früh sterben, sorgt Selmas ehemalige Kinderfrau dafür, dass Selma eine Ausbildung machen kann.

Nach dem Ersten Weltkrieg kam sie als Fürsorgeschwester nach Dornbirn. Erstmals wird sie 1918 in der Arbeiterzeitung „Vorarlberger Wacht" erwähnt. In Dornbirn gibt es nun neben der Tuberkulosefürsorgeanstalt auch eine Säuglingsfürsorgestelle, die von Margarethe Buchmüller-Hämmerle initiiert wurde. Der Medizinalrat Adam Winder leitet mustergültig beide Einrichtungen. Selma Mitteldorf und die Fürsorgeschwester Olga Semaka stehen an seiner Seite. „Beide sind staatlich ausgebildet, praktisch erfahren und erfüllen ihren schwierigen Beruf mit großem Geschick, mit Liebe und Aufopferung. In erfreulicher Weise gelingt es, die jungen Mütter zur natürlichen Ernährung ihrer Kleinen anzuhalten." Die Fürsorge wird hoch gelobt. Seit die Babys beobachtet und die Mütter beraten werden, sterben weniger Kinder. All das kostet Geld, bedenkt man die Gehälter, die Stillprämien, die Wäsche. Weil man Angst hat, dass die Mittel nicht reichen, bittet man um Spenden. In mehreren Zeitungsartikeln wird Schwester Selma für ihre zuverlässige Arbeit erwähnt.

Elisabeth Wagner-Wehrborn, die Tochter von Viktor Hämmerle, hat angeblich sehr viel Muttermilch und ist begeistert von Selma, die sich die Mühe macht, damit etliche Kinder durchzufüttern. Als ein Mitglied der Familie von Johannes Thurnher sehr krank wird, sitzt Selma Tag und Nacht am Bett, auch davon wird erzählt. Zwanzig Jahre übt sie ihren Beruf aus. Am 21. März 1938 erhängt sie sich, aus Angst, im neuen Staat als Jüdin erkannt zu werden.

Viel wissen wir leider nicht, aber ein paar Puzzlesteinchen finden sich in den Aufzeichnungen lebensgeschichtlicher Interviews des Stadtarchivs. 1993 berichtete die hochbetagte Hildegard Schweidler, dass ihre Mutter die tote Kinderschwester Selma fand. Frau Schweidler war da selbst noch ein junges Mädchen und auswärts in Ausbildung. In dem Interview erzählte sie, dass sie natürlich damals schon wusste, was mit den Juden in der NS-Diktatur passierte. Keiner durfte zu Selmas Begräbnis am 24. März am Dornbirner Friedhof. Beerdigt wurde sie von Pfarrer Helmuth Pommer. Anschließend fand ein Trauergottesdienst in der evangelischen Heilandskirche statt. Dem Doktor Winder seien die Tränen nur so heruntergeronnen. Er habe gesagt: „Um Gottes Willen, ich hätte ihr geholfen in die Schweiz hinüber." „Wir alle hätten ihr geholfen"[29], sagte Frau Schweidler.

Hilda bekommt Besuch von ihrem Bruder Robert. Er hat Neuigkeiten. Eine Schwägerin, die in Wien lebt, habe ihm ein

„arisiertes“ Zinshaus vermittelt, mit vielen Wohnungen. Das habe er gekauft. Ganz günstig.

So erzählt man es sich in meiner Familie. Ob das wirklich passiert ist, und was mit dem Haus oder mit der Wohnung geschehen ist, konnte ich nicht herausfinden.

Als gesichert gilt hingegen, dass sich die Textilunternehmen Franz M. Rhomberg und F.M. Hämmerle das größte Wiener Kaufhaus Herzmansky mit 730 Angestellten unter den Nagel gerissen haben. Moment mal, im Herzmansky, da war doch was? Ach ja – Pipsi Hirschmann war dort Empfangsdame.

4. Bundesgymnasium Dornbirn

Mächtig steht die Dornbirner Realschule vor mir. Das Gebäude schüchtert mich ein. In Mauern gegossene Zucht und Ordnung. Schon als Zehnjährige war mir das nicht geheuer. Ich entschied mich für das Bundesrealgymnasium Schoren und quälte mich durch ein Schulsystem, das mir nicht gefiel.

Für mich war die logische Konsequenz, selbst Lehrerin zu werden. Neunzehn Jahre brauchte ich, um zu verstehen, dass ich nur ein winziger Teil in einem gigantischen Getriebe war und meine Ideen nicht so durchsetzen konnte, wie ich das gern getan hätte. Ich stand vor der Wahl, mich unterzuordnen oder zu kündigen. Ich habe gekündigt. Solange sich die Eliten den Pöbel vom Hals halten wollen, werde ich keine gemeinsame Schule der 11- bis 14-Jährigen kriegen.

Dabei waren wir dem vor hundert Jahren schon einmal ganz nah. Damals hieß der Wiener Stadtschulrat Otto Glöckel. Er war ein sozialdemokratischer Politiker, kämpfte gegen Bildungsprivilegien und die Macht der Kirche in öffentlichen Schulen. Ein Schulreformer in der Ersten Republik. Als Volksschullehrer erkannte er in seinem Wiener Arbeiterbezirk, wie ungerecht das Bildungssystem war. Eine groß angelegte Schulreform sollte allen Kindern, ungeachtet ihrer finanziellen Möglichkeiten und ihrer Herkunft, die gleichen Bildungschancen geben.

Er forderte die Demokratisierung der Schule. Lehrer, Eltern und Schüler sollten mitbestimmen. Jede Klasse, jede Schule sollte einen Sprecher wählen dürfen. Er modernisierte die Lehrpläne. Neue Schulbücher wurden gedruckt. Wäre es nach ihm gegangen, sollten die Kinder zu Selbstständigkeit, kreativem und kritischem Denken erzogen werden.

1934 wurde Glöckel unter dem Ständestaatregime von Dollfuß in seinem Büro im Palais Epstein verhaftet und in das gleiche Anhaltelager in Wöllersdorf gebracht wie mein Opa Leopold. Dort saßen Nationalsozialisten, Kommunisten und

Sozialdemokraten wie Otto Glöckel. Seine Inhaftierung überlebte er nur kurze Zeit.

Dollfuß räumte schnell auf mit Kreativität, selbstständigem Denken oder Bildungsgleichheit. Der Übergang von der Hauptschule zur Mittelschule wurde beinah unmöglich gemacht. Es ging darum, den Pöbel loszuwerden, auszulesen und die Bildung der Eliten zu stärken. Natürlich wollten alle Eltern, dass ihre Kinder zur Elite gehörten, und so drängten, entgegen allen Erwartungen, sehr viele Jugendliche in die Realschule.

Ich schlüpfe in eine Rolle: Wie sähe mein Schulalltag im Realgymnasium in Dornbirn Anfang der 1930er-Jahre aus?

Es ist eng. In meine Klasse gehen 72 Jugendliche. Unsere Schule wurde für 250 gebaut. Wir sind doppelt so viele, müssen in Wanderklassen umherziehen und unsere Bücher hin- und herschleppen. Geld gibt es keines. Wir müssen sparen. Unser Landesschulinspektor heißt Heinrich Winsauer. Er ist sehr konservativ und verlangt eine strenge Auslese. Mädchen sollen keine mehr aufgenommen werden. Diejenigen, die schon da sind, sollen halt in Gottes Namen in den hintersten Bänken sitzen. Zum Glück wehren sich meine Lehrerinnen und Lehrer dagegen. Sie haben es auch nicht leicht. Ihr Gehalt ist miserabel.

Unser Direktor ist der christlichsoziale ehemalige Nationalrat und Unterrichtsminister Emil Schneider. Im Rathaus hat er viel Einfluss. Er verehrt Dollfuß und mag die katholische Kirche. Wir werden streng religiös erzogen. Das erledigt unser Religionsprofessor, der Priester Christian Hiller, der sehr mächtig ist.

Wer nicht in die Messe kommt, wird mit einer schlechten Religionsnote bestraft. Mit uns Mädchen ist Hiller besonders streng. In seinem Unterricht müssen wir einen braunen Mantel tragen, der unsere weiblichen Formen verbergen soll. Manchmal dürfen wir ins Kino. Einmal sehen wir „Nero“. An der Stelle, als sich die Königin ein Wannenbad mit Eselsmilch zubereitet, rennt Professor Hiller in die Vorführkabine und deckt mit seiner Hand das Objektiv zu. Im Saal wird es stockdunkel, während er die Badeszene klein auf seinem Handteller verfolgt. Nachher, als sich die hochwohllöbliche Königin wieder mit Textilien umhüllt, dürfen wir weiterschauen.

Familien, die dem Nationalsozialismus anhängen, hassen Hiller noch mehr als alle anderen. „Dreckpfaffe mit perverser Geistesverfassung“, und „Hetzpriester gegen alles Deutsche“[30] schimpft ihn Kreispropagandaleiter Walter Weinzierl, der Verfasser des bekannten Liedes „Müsle gang ga schlofa.“

Ab dem Frühling 1933 schwärmen immer mehr in meiner Klasse von den Nazis. Einzelne Klassen werden regelrecht von einem politischen Fieber ergriffen. Der Schulbehörde bereitet das große Sorgen.

Im Juni 1933 wird die NSDAP in Österreich verboten. Vielen meiner Mitschüler macht es nichts aus, jetzt illegal zu sein. Sie setzen sich weiter aktiv für die Partei ein.

Am 29. Juni 1933 besucht uns Bundeskanzler Dollfuß in Dornbirn. Unsere Nazis organisieren eine große Menschenmenge, die ihn mit „Heil Hitler“-Rufen empfängt, worauf uns der Bundeskanzler voller Entsetzen schnell wieder verlässt. Unter den Demonstranten sind einige aus meiner Klasse. Sechs von ihnen werden angezeigt und mit der Betragensnote „nichtentsprechend“ von der Schule ausgeschlossen. Es fliegen noch etliche andere: Ein Siebtklässler im März 1934, weil er die in Deutschland gedruckte NS-Zeitung „Der Rote Adler“ in der Schule verteilt. Ein Sechstklässler, weil er an „Heimabenden“ der HJ teilgenommen und Nazi-Bücher weitergegeben hat.

Einmal wöchentlich treffen sie sich heimlich in der Wohnung des Kameradschaftsführers, um einen „Heimabend“ abzuhalten, bei dem sie sich mit „Heil Hitler“ grüßen, Vorträge über den Nationalsozialismus anhören und einander aus „Mein Kampf“ oder „Wie Adolf Hitler Führer wurde“ vorlesen. Jedes Mitglied muss monatlich 50 Groschen zahlen. Zu Pfingsten treffen sie sich für drei Tage im Ebnit. Sie bauen ein Zeltlager auf, exerzieren, machen Geländespiele und üben NS-Lieder. Kurz darauf werden sie von Gendarmen verhaftet und vor Gericht gestellt. Zwölf werden von der Schule ausgeschlossen. In den Klassen, auf den Gängen und im Pausenhof spricht man über nichts anderes mehr. Die Stimmung von 1933 bis 1938 entzweit nicht nur die Erwachsenen, sondern auch uns Jugendliche.

In Hildas Nachbarschaft wohnt die Familie Österle. Hilda plaudert oft über den Gartenzaun mit ihrer Cousine Irma Österle. Deren Mann Franz Josef war einer der ersten sozialistischen Lehrer in Dornbirn. Die Österles haben vier Buben: Bertram, Hans, Hugo und Siegfried.

Hans tritt als junger Mann 1934 der Hitlerjugend bei. Er ist einer von jenen, die illegale Schulungsabende veranstalten. Die Behörden erfahren davon und verhaften ihn und dreizehn Mitglieder der HJ. Seine Schwägerin Irma erzählt Hilda am Gartenzaun von einer großen Blechkassette auf dem Dachboden, die Hans dort versteckt hat und in der er dauernd herumkramt. Aber was ist drinnen?

Trotz Parteiverbots erteilt ein führender Nationalsozialist aus Wien Hans Österle den Auftrag, die Hitlerjugend im Ländle zu leiten und zu organisieren. Er wird Hauptbannführer und ist zuständig für Tirol und Vorarlberg. Er gründet drei Banne – Bregenz, Dornbirn und Bludenz – und ernennt für jeden Standort einen Führer. Hans Österle stellt selbst die Zeitschrift der Hitlerjugend her und nennt sie „Die Fanfare“. Bei nächtlichen Schmuggelfahrten von Lindau nach Bregenz werden Säcke von Zeitungen und Flugblättern nach Vorarlberg transportiert.

Der Bund Deutscher Mädel wird ebenfalls 1934 gegründet. Alle zwei Wochen kommt Nachrichtenmaterial aus Wien. Eine unbekannte Frau und ein junger Mann steigen am Dornbirner Bahnhof aus dem Zug, in ihren Koffern die heikle Ware. Die Kuriere aus Wien verwenden das Kennwort „Blut“, die Vorarlberger, die die Ware entgegennehmen, geben sich mit dem Wort „Ehre“ zu erkennen. Sie bringen Bücher, Mitteilungen der Zentrale und Geld. Wahrscheinlich ist es dieses Geld, das Hans in der Blechkassette auf dem Dachboden versteckt. Nach dem

Anschluss hissen die Österles im Garten eine Hakenkreuzfahne, die fast so hoch ist wie das Haus.

Im März 1938 übernehmen die Nationalsozialisten die Macht. Sofort entlassen sie unseren Direktor Schneider, den Religionsprofessor Christian Hiller und den Landesführer der Organisation „Österreichisches Jungvolk“, Professor Johann Korber. Sie durchsuchen die Häuser von Direktor Emil Schneider und Pfarrer Hiller.

Meine Mitschüler, die einst von der Schule geflogen sind, sind jetzt wieder ganz vorne mit dabei. Schneider darf unsere Schule zwar nicht mehr betreten, aber er wohnt noch ein paar Monate in der Direktorswohnung. Ich sehe ihn, wie er hinter dem Fenster steht und die vielen Aufmärsche auf unserem Sportplatz aus nächster Nähe miterleben muss.

Professor Korber landet erst im Gefängnis, wird dann mit Berufsverbot aus dem Schuldienst entlassen und nach Wien abgeschoben, wo er sich als „wehrunwürdiger“ Buchhalter durchschlägt und permanent bespitzelt und gedemütigt wird.

Erst bin ich froh, dass Religionsprofessor Hiller nicht mehr unterrichten darf. Aber was dann passiert, finde ich nicht in Ordnung. Hiller wird Pfarrer von Bezau und bekommt den Hass und die Rache der Dornbirner Nazis böse zu spüren. Sie wollen ihn als Heuchler entlarven und veranstalten eine Ausstellung mit angeblich pornografischen Bildern aus seinem Besitz. In Wirklichkeit sind es nur Darstellungen aus der bildenden Kunst.

Die Gauleitung sendet ein „Gutachten“ an die Unterrichtsbehörde nach Wien, in dem steht, dass sich Hiller während der illegalen Zeit besonders NS-Schülern gegenüber äußerst gehässig benommen habe. Aktbilder seien bei ihm gefunden worden. Geradezu tyrannisch sei er aufgetreten. Hiller müsse auf jeden Fall ohne Pension entlassen werden. „Besser wäre es, wenn Genannter mindestens für einige Zeit in ein Lager kommen könnte, damit die Erbitterung der Nationalsozialisten in Dornbirn auf diese Weise teilweise gestillt würde“.[31]

Die Deportation in ein Konzentrationslager bleibt ihm erspart, aber als Bezauer Pfarrer bekommt er bald neue Schwierigkeiten. Da er angeblich ohne Erlaubnis der Behörde eine Messe abgehalten hat, wird er für einige Tage von der Gestapo verhaftet. Danach erhält er zeitweise „Gauverbot".

Unser neuer Direktor heißt Johann Baer. Sofort verfasst er eine Mitteilung, die in allen Klassen vorgelesen wird: „Nach Heimkehr ins große Vaterland! Heil unserem Führer Adolf Hitler!

Deutsche Jungens, deutsche Mädchen! Seit gestern zum kommissarischen Leiter der Dornbirner Realschule bestellt, grüße ich Euch mit ‚Heil unserem Führer Adolf Hitler!'. Ich erwarte, dass Ihr Euch des unsagbaren Glückes und der großen Ehre würdig erweisen werdet. Hinweg mit Schlappheit und Weichlichkeit gegen das liebe eigene Ich! Jeder erfülle seine Pflicht unverdrossen Tag für Tag, damit er zu einem tüchtigen Volksgenossen unseres großen herrlichen Vaterlandes Deutschland heranwachse!"[32]

Alle Lehrerinnen und Lehrer müssen in der Mohrenhalle den Diensteid auf Adolf Hitler ablegen. Statt dem „Dollfußlied" singen wir „Deutschland, Deutschland über alles".

Unsere Schule kriegt einen neuen Namen. Sie heißt jetzt „Staatliche Oberschule für Jungen in Dornbirn". Uns Mädchen will man nicht mehr. Nur noch „echte Jungen" sollen eine höhere Bildung erhalten. Zum Glück hält man sich in Dornbirn nicht streng an diese neue Regelung. Trotzdem werden wir Mädchen weniger – zuerst waren wir 89, dann nur noch 21.

Die politische Stimmung im Lehrerzimmer ist so gespalten wie in den Klassen. Die einen freuen sich. Die anderen sind zerstört. Aber weil ein falsches Wort die Kündigung ohne Pensionsbezüge bedeutet, schweigen die meisten, hoffen auf bessere Zeiten und darauf, dass sie den Einfluss auf uns nicht völlig verlieren.

Eine kleine Gruppe Lehrer ist sehr überzeugt. Sofort werden sie in der SS, der SA oder im NS-Fliegerkorps aktiv. Wir staunen, wie sich manche scheinbar über Nacht in begeisterte

Nazis verwandeln. Einen besonderen Eindruck macht Professor Othmar Anderle auf uns. Er unterrichtet Geschichte, Geografie und Philosophie. Zwei Meter ist er groß und sehr gebildet. Am Montag nach der Machtübernahme erscheint er in SS-Uniform zum Unterricht.

Plötzlich sitzen die Mitschüler, die ausgeschlossen wurden, wieder neben uns. Sie grinsen bis über beide Ohren, fühlen sich als Sieger und verhalten sich so überheblich, dass uns und manchem Lehrer der Schweiß ausbricht. Wer christlichsoziale Eltern hat, kriegt eingebläut, nur ja den Mund zu halten. Die meisten ertragen so viel Angst und die Anspannung nicht. Scharenweise treten wir der Hitlerjugend oder dem Bund Deutscher Mädel bei.

Besonders betroffen von dem Umbruch sind die Achtklässler. Wenige Wochen vor der schriftlichen Matura werden sie zu einer Riesenklasse von 56 Schülern mit manch neuem Lehrer zusammengelegt. Die mündliche Prüfung entfällt. Maturanten können ein Prüfungsfach streichen und werden milder benotet, wenn sie schnell der HJ oder dem BDM beitreten.

Kruzifixe werden ab-, das Bild des Führers wird aufgehängt. In jedem Klassenzimmer an gebührender Stelle. Hakenkreuzfahnen werden in rauen Mengen angeschafft. Briefe, Zettel, Formulare, Zeugnisse und Dokumente werden gestempelt mit dem Hakenkreuz und der Schrift „Deutsche Oberschule Dornbirn." Der Direktor trägt am Kragen das Parteiabzeichen der NSDAP. Der Ton ist militärisch. Unsere Klassenvorstände heißen jetzt „Klassenkommandanten".

Während des Krieges ist ein normaler Unterricht nur schwer möglich. Dauernd müssen wir Geld für irgendetwas sammeln, für das Winterhilfswerk, für die Arbeiterwohlfahrt. Wir müssen bei der Ernte helfen. Etliche von uns erkranken an Kinderlähmung. Und dann die vielen Luftschutzübungen. Auf dem Sportplatz gibt es jetzt einen Luftschutzbunker. Oft heult ein Alarm los. Dann lassen wir alles liegen und stellen uns vor den Klassen in Dreierreihen auf, gehen mit den Lehrern in den

Keller und in den Schutzraum und warten auf das Entwarnungssignal. Am Anfang macht das noch Spaß. Es ist lustig, wenn unser Luftschutzwart während der Chemiestunden auf dem Dachboden Spritzübungen mit dem Wasserschlauch veranstaltet. In den letzten beiden Kriegsjahren müssen wir mit einem echten Fliegerangriff rechnen.

Inzwischen sollte so vieles repariert werden, aber es gibt weder Arbeitskräfte noch Material. Kreide, Papier und Kohle werden knapp. Langsam dämmert es uns, dass nicht alles so großartig ist, wie man es uns versprochen hat.

So gern würden wir amerikanische Musik hören, tanzen und feiern. Für Nazis das Allerletzte. Sie finden, dass das Anhören der aus Amerika importierten Jazz-Musik den Staat gefährde. Das überwacht die Gestapo. Heinrich Himmler will der „Swing-Jugend" den Garaus machen und schreibt, dass alle, die diese Musik hören, in ein Konzentrationslager einzuweisen sind. „Dort muss die Jugend zunächst einmal Prügel bekommen und dann in schärfster Form exerzieren und zur Arbeit angehalten werden."[33] Jugendliche, die vom „Amerikanismus" angesteckt sind, werden schonungslos verfolgt. Auch auf sogenannte „Schlurfe" macht die HJ-Führung Jagd. Sie bestimmt, wie wir die Haare zu tragen haben. Wer provozieren will, trägt langes Haar.

Unsere Siebtklässler pfeifen auf Himmler und veranstalten trotz des Verbots von „Tanzlustbarkeiten" mitten im Krieg in Bad Kehlegg einen Tanzkurs. Die meisten Burschen, die da mitmachen, werden am Ende desselben Schuljahres zur Wehrmacht eingezogen. Alle verweigern den von der Obrigkeit gewünschten Beitritt zur Waffen-SS.

Die Begeisterung für den Nationalsozialismus kühlt bei uns Jugendlichen stark ab. Viele wollen nicht mehr mitmachen. Immer weniger kommen zum Unterricht. Viele werden vorzeitig einberufen. Der Krieg verändert die Zusammensetzung des Lehrkörpers völlig. 1942 und 1943 werden alle wehrtauglichen Lehrer jüngeren und mittleren Alters zum Militärdienst eingezogen. Nur zwölf Lehrpersonen, vor allem ältere Studienräte, bleiben übrig. Sie müssen dafür mehr Stunden übernehmen.

In den letzten Kriegsjahren gibt es bei uns keine sechste Klasse mehr. Die wenigen Sechstklässler, die noch übrig sind, werden nach Bregenz an die Oberschule geschickt, müssen aber ab 1945 zum „Reichsarbeitsdienst“ einrücken. Ungeniert werden die 16-Jährigen in die Schlacht geworfen, 14-jährige Mädchen und Buben als Flak-Helfer verpflichtet und noch jüngere mit allen möglichen halbmilitärischen Aufgaben beauftragt.

Im Februar 1945 müssen wir das Gebäude räumen. Unsere Schule ist jetzt ein Lazarett. Auf dem nicht ausgebauten Dachboden der alten Realschule (der späteren „Sonderschule“ und SPZ) werden wir noch ein paar Wochen notdürftig unterrichtet, ehe im April, kurz vor dem Einmarsch der französischen Truppen, der Schulbetrieb endgültig zusammenbricht.

Den grausamen Schlusspunkt setzen der Kreisleiter von Dornbirn und sein HJ-Führer: Am 1. Mai 1945 karren sie eine Gruppe Hitlerjungen nach Lochau, um mit Panzerfäusten den französischen Vormarsch aufzuhalten. Andere Hitlerjungen sollen die Zwangsarbeiterbaracke bei den Rüsch-Werken abfackeln, in denen 120 sowjetische Kriegsgefangene unter miserablen Bedingungen hausen.

Die Rüsch-Werke sind nur einen Steinwurf vom Gymnasium entfernt. Dort, wo Jahrzehnte später die „inatura Erlebnis Naturschau“ ihre Pforten öffnen wird, glüht seit 1827 das Eisen, dort schmieden die Hämmer Wasserkraftanlagen und Turbinen, die von Barcelona bis Norrköping, von Brüssel bis Polen und von Moskau bis Tiflis in Georgien geliefert werden. Zwischen Juli und Oktober 1910 streikten die Eisengießer, und die Rüsch-Werke wurden zum Schauplatz eines der längsten und erbittertsten Arbeitskämpfe in der Geschichte Vorarlbergs.

Da ist meine Oma Hilda zehn Jahre alt und besucht die sechste Klasse der siebenklassigen Volksschule, bevor sie in die zweiklassige Mädchen-Fortbildungsschule in die Rosenstraße (heute Musikschule) wechselt, während ihr Bruder Robert im

Gymnasium Matura machen darf. In Religion bekommt Hilda einen Dreier.

1910 scheint der Religionsunterricht alles andere als lustig zu sein. Christian Hiller unterrichtet schon drei Jahre am Gymnasium. An Ostern macht sich ein Drittklässler „eines schweren Vergehens bei der österlichen Kommunion schuldig“, da er „die hl. Hostie aus dem Mund genommen und in sein Sacktuch getan“ hat. Der Schüler bekommt kein Abgangszeugnis und fliegt nur deswegen nicht von der Schule, weil er von sich aus geht. Erleichtert stellt man im Lehrkörper fest, „daß durch seine Entfernung von der Anstalt eine Gefährdung der übrigen Schüler in religiöser Beziehung verhindert wurde“.

Zum Glück ist die äußere Form von Hildas schriftlichen Arbeiten „sehr empfehlenswert“. Vielleicht findet sie deswegen 1920 Arbeit in den Rüsch-Werken, wo sie bis 1925 bleibt. In jenen Jahren ist sie bis über beide Ohren verliebt in Hans Wehinger, der an Tuberkulose erkrankt. Hilda besucht ihn oft in der Lungenheilstätte Gaisbühel. Er stirbt mit 25 Jahren. Nach seinem Tod verlässt Hilda die Rüsch-Werke, um bei Onkel Hannes und Tante Blanka in der Nudlerei Bohle zu arbeiten, und bleibt neun Jahre ohne Partner.

Als Hilda bei den Rüsch-Werken arbeitet, reicht das Firmengelände von der Schulgasse zur Eisenhammerstraße und bis zum Müllerbach. Die Rüsch-Werke sind die größte Maschinenfabrik Vorarlbergs. Der Besitzer heißt Max Wehinger. Er ist der Vater von Hildas großer Liebe. Die Textilbarone von F. M. Hämmerle und Franz M. Rhomberg rücken ihm zu Leibe. Sie pressen Wehinger im September 1941 seine Firma ab, um gleich darauf mit Bombenaufträgen für die deutsche Wehrmacht durchzustarten. Dafür rekrutieren sie Kriegsgefangene und Zwangsarbeiterinnen und Zwangsarbeiter, die unter fürchterlichen Bedingungen arbeiten und in Baracken hausen müssen, ohne irgendwelche Rechte zu haben. Zuvor hat sich Wehinger vergeblich um Aufträge der Wehrmacht bemüht, sie aber nicht bekommen, weil der Luftwaffenbeauftragte des Reichsluftwaffenministeriums Hermann Rhomberg heißt.

Rhomberg ist zugleich Bezirksbeauftragter des Rüstungskommandos im Wehrkreis XVIII (west-, südösterreichische und nordjugoslawische Gebiete) und für die Vergabe von Rüstungsaufträgen zuständig. Er hat ein machtvolles Amt inne und ist Gesellschafter der Firma Franz M. Rhomberg. Er nutzt sein Amt, um der Vorarlberger Textilindustrie überproportional viele Aufträge zu verschaffen. Rhomberg ist zugleich Vizepräsident der Gauwirtschaftskammer Tirol-Vorarlberg und einer der einflussreichsten NS-Wirtschaftsfunktionäre.

Als fanatischer Anhänger des Nationalsozialismus gilt Hermann Rhomberg nach 1945 als „registriert" und verbringt eineinhalb Jahre in den Internierungslagern Brederis, Lochau und Wirtatobel. Danach ist er Präsident der Dornbirner Messe, Obmannstellvertreter in der Kammer der gewerblichen Wirtschaft und Präsident der österreichischen Handelskammer in Zürich.

1960 wird Hermann Rhomberg als erster Dornbirner nach Kriegsende zum Ehrenbürger der Stadt ernannt. Bis in die 1980er-Jahre wird die NS-Vergangenheit weiter verschwiegen, verharmlost, ausgeklammert und beschönigt. Politik und Geschichtsschreibung pinseln den wirtschaftlich Mächtigen stets gemeinsam die Bäuche. Auf der Strecke bleiben die historische Wahrheit und die Opfer des NS-Regimes. Zu denen auch die vielen Zwangsarbeiterinnen und Zwangsarbeiter gehörten, über deren Schicksal immer noch viel zu wenig bekannt ist.

Aber reisen wir hier noch einmal zurück zum 1. Mai 1945. Die Kriegsgefangenen in den Rüsch-Werken werden aus ihren Baracken gebracht, kurz bevor die Hitlerjungen ihre Panzerfäuste scharf machen müssen. Solche Kamikaze-Unternehmen unter der Leitung von NS-Fanatikern, die sich als Vorbilder und Erzieher ausgeben, können das Ende trotzdem nicht aufhalten. Die Verführer verschwinden. Zurück bleiben wir: zu Gewalttätigkeit und Intoleranz erzogen, sollen wir nun eine demokratische Ordnung aufbauen.

Sechs Monate kein Unterricht. Im Spätherbst 1945 fangen wir mühselig wieder an. Halbwegs normal funktioniert das

Schulleben erst 1949/50. Erste Schritte passieren im Sommer 1945. Die „Staatliche Oberschule für Jungen in Dornbirn“ wird wieder eine „Bundesrealschule“, mit den Lehrplänen von 1935!

Das Schuljahr 1944/45 muss wiederholt werden. Der konservative Heinrich Winsauer, der zu Kriegsbeginn entlassen worden war, wird mit 64 Jahren wieder Landesschulinspektor. Er soll ein zertrümmertes Schulsystem nach sieben Jahren NS-Herrschaft und mehr als fünfeinhalb Jahren Krieg neu aufbauen. Das Schulgebäude wird als „Repatriierungslager“ verwendet, in dem sich die Franzosen ausbreiten.

Im September 1945 dürfen sich neue Schülerinnen und Schüler einschreiben und es findet eine erste Konferenz statt, aber ein Unterricht ist nicht möglich. Nach längeren Verhandlungen mit den französischen Befreiungs- bzw. Besatzungsbehörden gelingt es, das Schulgebäude freizubekommen, sodass wir das Schuljahr 1945/46 am 10. November mit zweimonatiger Verspätung beginnen können.

Von jenen Lehrern, die den Unterricht während der letzten Kriegsjahre aufrechterhalten haben, bleiben nur vier übrig. Elf neue kommen dazu. Die restlichen sechs kehren nach mehrjährigem Kriegsdienst an die Schule zurück. Die „Entnazifizierung“ bleibt zwar auch unseren Lehrern nicht erspart, doch sind die Maßnahmen für die Betroffenen im Vergleich zu den anderen österreichischen Bundesländern viel lascher.

In keinem anderen Bundesland können nach dem Krieg so viele ehemalige Mitglieder der NSDAP im Schuldienst bleiben wie in Vorarlberg. Die Dornbirner Realschule ist keine Ausnahme. Die „Entnazifizierung“ hat für den allergrößten Teil der Lehrer keine weiterreichenden Folgen. Doch für den Lehrer Hans Elkan waren die Konsequenzen schon vorher grausam.

Wer ist Hans Elkan?

Hans Elkan – der Realschullehrer ohne Bezahlung

Hans Elkan kommt am 22. März 1900 in Hohenems zur Welt. Zwei Monate später stirbt seine Mutter. Sein Vater Theodor wird der letzte Vorsteher der Israelitischen Kultusgemeinde.

Am Gymnasium in Bregenz macht Hans Elkan Matura. Einer seiner Mitschüler ist der Anwalt Harald Eberl. In der NS-Zeit sollte er der einflussreichste Wirtschaftsfunktionär des Landes werden, nach dem Krieg dann Finanzreferent. Er ist der Bruder von Irmfried Eberl, der im Konzentrationslager Treblinka sein teuflisches Werk treiben wird.

Hans Elkan studiert in Freiburg, Marburg und Tübingen die Fächer Philosophie, Musikwissenschaft und mittelalterliche Geschichte, schließt sein Studium mit einer Dissertation über Platon „cum laude" ab und zieht für zwei Jahre nach Wien. Unterdessen verkündet in Vorarlberg der christlichsoziale Landeshauptmann Otto Ender großspurig: „[E]ine Wahrheit ist und bleibt: die Juden sind eine eigene Rasse, eine eigene Nation und kaum vermischbar mit anderen Völkern. [...] In den Bestrebungen des Zionismus steckt Wahrheit. Alles andere ist Unwahrheit. Der Jude ist Jude, und ist bei uns nicht als deutscher Mitbürger, sondern in Wahrheit ist er Gast in unserem Lande."[34]

Der promovierte Philosoph Hans Elkan will Lehrer werden. In Innsbruck an der Universität erlangt er 1934 die Lehrbefugnis und besteht alle Prüfungen mit „Sehr gut". In seinem Zeugnis steht, dass er außerordentlich lehrfreudig ist, ein besonders bescheidenes und ruhiges Wesen und einen liebenswürdigen Umgang mit den Schülern hat.

Der Landesschulrat in Vorarlberg müsste froh sein, so einen Lehrer zu kriegen. Doch „dem Juden Dr. Hans Elkan" verweigert man eine definitive Anstellung. Ohne Gehalt hospitiert er erst in Feldkirch. Im Schuljahr 1935/36 wechselt er an unsere Realschule, bleibt aber Gastlehrer ohne Bezahlung. Ein Teil von uns will nicht von einem Juden unterrichtet werden. Wir machen ihm das Leben schwer. Er hat Schwierigkeiten, die Disziplin aufrechtzuerhalten. Der feinfühlige und kluge Junglehrer sieht sich einem immer radikaleren deutschnationalen und antisemitischen Umfeld ausgesetzt. Er hat keine Chance. Bei ihm wird gelärmt, gejohlt, herumgehüpft und getanzt. Hilflos steht er vor der Tafel. Manche nennen ihn „das Maschinengewehr“, weil er so schnell spricht. Der hochgebildete Mann ist aus Sicht der Nazis der Prototyp eines jüdischen Intellektuellen. Wir verspotten ihn. Wir vernichten seine Existenz. Seine Kollegen schützen ihn nicht. Zu ihnen gehört Professor Othmar Anderle.

Die schwere Tasche unter dem Arm, schleppt sich Hans Elkan nach Hohenems, in die Steinachstraße 1 (heute Schweizerstraße 35, „Elkanhaus“), wo er mit seiner Familie wohnt. Zuflucht sucht er im Garten, beschäftigt sich mit Zierblumen, gräbt in der Erde. Oft sieht man ihn mit Gärtnerschürze, Schubkarren und schweren Gartenschuhen. Im Haus stehen seine Bücher: Humboldt, Hölderlin, Mörike und Kierkegaard liegen ganz oben.

Besonders intensiv befasst er sich mit Friedrich Schiller. Er arbeitet an einem Aufsatz zum 175. Geburtstag des Schriftstellers. Vielleicht denkt Hans Elkan über Ethik und Ästhetik nach, als im elterlichen Garten an einem Abend im Jänner 1934 zwei Böller explodieren, angezündet von illegalen Nazis. Aber noch wollen Hans und sein Vater Theodor Hohenems nicht verlassen.

In der kleinen Kultusgemeinde besorgen Vater und Sohn die letzten Gemeindeangelegenheiten. Vergeblich versuchen sie die Torarollen aus der Synagoge nach St. Gallen in Sicherheit zu bringen. Und sie kümmern sich um den allein und verlassen in der Nervenheilanstalt Valduna dahinvegetierenden Lehmann Lev Heilbronner, den „vergessenen Juden“, der dort sterben wird. Dann der schreckliche Brief: Zwangsumsiedelung!

Theodor Elkan muss mit seiner Ehefrau Helene, seinem Sohn Hans und weiteren vier Gemeindemitgliedern Hohenems verlassen. Sein Wohnhaus muss er der Gemeinde Hohenems übergeben. Hier wird später eine Gedenktafel an die Familie erinnern. In Wien werden die Elkans erst in der Czerningasse 4 im zweiten Bezirk untergebracht, wo sie mit bis zu zwanzig anderen Jüdinnen und Juden in einem einzigen Raum wohnen. Hans Elkan findet erst als Hilfsarbeiter in einer Gärtnerei Beschäftigung und nimmt dann an einem Umschulungskurs zum Schlosser teil. Die Elkans hoffen, bald emigrieren zu können, und müssen in die Türkenschanzstraße 44 übersiedeln. 1942 wird die Familie ins Konzentrationslager Theresienstadt deportiert und 1944 ermordet.

In den nach 1945 veröffentlichten Jahresberichten der Dornbirner Realschule wird seine Ermordung mit keinem Wort erwähnt. Werner Bundschuh, bis 2011 Lehrer am BG Dornbirn, Historiker und langjähriger Obmann der Johann-August-Malin-Gesellschaft, macht 2002 den Vorschlag, die Schule in „Dr. Hans Elkan-Gymnasium" umzubenennen.

Hans Elkan wäre ein Leitmotiv für Offenheit, Völkerverständigung und Toleranz. Befürworter und Gegner beziehen Stellung. Die Mehrheit des Lehrkörpers lehnt die Umbenennung ab. Auch mit dem Vorschlag, wenigstens den Festsaal in „Hans-Elkan-Saal" umzubenennen, blitzt Werner Bundschuh ab.

Hans Elkan gerät wieder in Vergessenheit. Im Schuljahr 2003/04 beschäftigen sich Schülerinnen und Schüler der 7. Klasse auf Initiative des Kunsterziehers Klaus Luger mit der Frage, wie ein zeitgemäßes Erinnerungsmal an den ehemaligen Lehrer gestaltet werden müsste.

5. Sägerbrücke – Fabrik Sägen – Widerstand

Ich verlasse die Marktstraße und erreiche die Sägerbrücke. Von 1902 bis 1938 fährt hier eine Straßenbahn. Die Strecke führt vom Dornbirner Bahnhof über die Sägerbrücke entlang der heutigen Autostraße nach Lustenau. Als man sie baut, brummt die Wirtschaft. Man will sie an die Bregenzerwaldbahn und an den Verkehr in die Schweiz anbinden und eine Abzweigung ins Gütle zur Rappenlochschlucht bauen.

Hildas Onkel, der Nudelfabrikant, kauft Aktien. Die sind nach fast vierzig Jahren wohl nicht mehr viel wert. Die Bahn rentiert sich nicht mehr. Sie fährt ohnehin zu langsam. Im Volksmund nennt man die EBDL (Elektrische Bahn Dornbirn Lustenau) nur noch „Elende Beförderung Dummer Leute".

Wir fahren lieber Rad. Wer Geld hat, kauft sich sein erstes Auto. Wie Hildas Schwager, der mit stolzgeschwellter Brust in seiner zweitürigen Limousine, einer Steyr 50, durch die Eisengasse kutschiert. Die Tram schnauft im November 1938 mit letzter Kraft in die Remise. Daneben treibt der unterirdische Müllerbach die Säge der Hämmerle-Fabrik an. Rund um diese Gebäude werden später die Textilschule und der Campus der Fachhochschule emporwachsen.

„An der Sägen" gab und gibt es fast alles: die besten Gasthäuser, Mühlen, Textilfabriken, einen Schießstand, eine Kaserne, ein Armen- und Krankenhaus und die erste holzgedeckte Brücke Dornbirns. Ihren größten Auftritt bekommt sie im Frühling 1938, als sie von den Nazis aufgebrezelt und für Propagandazwecke genutzt wird.

An zwei Seiten der Brücke erheben sich Flaggen hoch wie Säulen, dicht wie Bühnenvorhänge, einschüchternd wie eine Kathedrale. Was hier passiert, fühlt sich mächtig an. Am Ende der Brücke schaut der Reichsadler auf uns herab. Eine Art goldenes Tor. Die neuen Machthaber schreiten in Uniformen an uns vorbei. Wir jubeln im Spalier. Dem Anlass entsprechend in Sonntagskleidung, nur die Schirme passen nicht recht, aber das Wetter können nicht einmal die Nazis manipulieren. Drüben in der Sägen-Fabrik rattern die Webstühle und machen in diesen Zeiten ein Bombengeschäft. Es riecht nach frisch gebackenem Brot. Irgendwo in der Nähe soll eine kleine Bäckerei neu eröffnet haben. Rudolf Ölz heißt der Bäcker.

Hildas Schwager marschiert ganz vorne mit. Er ist ein wilder Hund, wie man so sagt. Mit einer Versicherungsagentur verdient er ganz ordentlich, betreibt zudem in der Eisengasse eine Tankstelle. Neben dem Auto hat er schon früh eine Beiwagenmaschine. Damit fährt er nach Zermatt und klettert aufs Matterhorn. Auch auf dem Mont Blanc ist er schon gewesen. Und als es nach dem Ersten Weltkrieg keine Schuhe gab, ist er barfuß auf die Zimba geklettert – behauptet er.

Er bringt es bis zum Major. Den Krieg nimmt er sportlich. 15 000 Kilometer weit kommandiert er seine Truppen „voller Freude“ durch den Balkan, auf fürchterlichen Straßen, ohne Unterbrechung, fünf Jahre im Dauereinsatz. In seinen Briefen schreibt er, dass es ihm immer hervorragend gehe. Stets sei er gesund und wohlauf und es mache ihm große Freude, seinen Teil zum großen Sieg beizutragen.

Von früh bis spät kommandiert er 800 Fahrzeuge und 2000 Mann. Die übermäßig viele Schreibarbeit erledigt er in der Nacht. Bei seiner Rundfahrt durch bergiges Partisanengebiet schafft er locker 1000 Kilometer in drei Tagen. Dann isst er gemütlich die letzten paar Zimtsterne, die ihm Hilda geschickt hat, wäscht sich, steht am nächsten Morgen um fünf Uhr in aller Seelenruhe auf, rasiert sich und schon geht's wieder dahin. „Das ist das moderne anspruchslose Reisen von heute. Und dabei genießt man die Schönheiten der Natur und des Krieges genauso wie früher.“[35] Auch nach fünf Kriegsjahren geht es ihm gesundheitlich immer noch blendend. „Das Soldatenleben ist ja auch ein sehr gesunder und abwechslungsreicher Beruf, frei von Sorgen und Nöten.“

Am 24. November 1945 stirbt er in der Gefangenschaft in Novi-Vrbas, Bosnien. So steht es in den Akten. In meiner Familie erzählt man sich, dass er in den letzten Kriegstagen bei Slowenien die Grenze zu Kärnten überschritten habe. Weil ein Teil seiner Kompanie noch auf Feindesgebiet gewesen sei, soll er noch einmal zurückgegangen sein. Die Partisanen hätten ihn geschnappt. An Hunger und Typhus soll er elend zugrunde gegangen sein. Seine Frau Anna, die Schwester von Hilda, führt jahrzehntelang die Tankstelle allein weiter und wird sehr lange Witwe sein. Sie stirbt mit 103 Jahren. Anstelle der Tankstelle wächst dort heute hinter einer Kirschlorbeerhecke ein kleines Stück Wiese.

Nicht alle haben sich so für den Nationalsozialismus begeistert wie meine Vorfahren. Aber wie verhältst du dich, wenn du die vernichtenden Absichten, die Menschenverachtung und die Manipulation erkennst und nicht mitmachen willst?

Du kannst versuchen, wegzulaufen, aber sie werden dich finden. Außer du schaffst es nach Amerika oder in die Schweiz, aber dafür brauchst du Geld und Kontakte. Du musst deine Heimat verlassen und dir eine neue Zukunft aufbauen.

Wenn du in Dornbirn bleiben willst, muss dir klar sein, dass alles, was du tust, überwacht wird. Deine Überwacher wirken harmlos. Du kennst sie. Es sind deine Nachbarinnen und Nachbarn, die Menschen, mit denen du arbeitest. Es ist deine eigene Familie. Traue keinem! Vor Hitlers Augen und Ohren bist du nicht einmal in deinen vier Wänden sicher. Dauernd klingelt es an der Tür. Du öffnest und vor dir steht ein Vertrauter: dein Nachbar, dein Cousin, dein Kegelbruder. Sie kommen, um fürs Winterhilfswerk zu sammeln, gegen Armut und Kälte, weil es zur großen staatspolitischen Pflicht gehört, Bedürftigen zu helfen. Jede Spende ist willkommen: Kohlen, Kartoffeln, Nahrungsmittel, Möbel, Bücher und Reichsmark.

Die Einnahmen sind gigantisch. Dass Goebbels mal hier, mal da hundert Millionen Reichsmark „zur freien Verfügung“ abzweigt, um für dreißig Millionen eine Riesenfabrik für Volkswagen zu bauen und um 40 000 Volksempfänger zu kaufen, wird nicht groß erwähnt. Du gibst so lange, bis du selbst bedürftig wirst. Dafür bekommst du eine Plakette, auf der steht: „Wir helfen.“

Auch bei Max Danner in der Hinterachmühle klingelt es. Er gibt nur eine Reichsmark. Das ist seine Art des Widerstandes. Sofort macht er sich verdächtig. Alles wird notiert und weitergeleitet. Wieder einer, den man nicht aus den Augen lassen darf.

Der Wirt vom Gasthaus Kühberg wagt es zu sagen: „Wenn der Staat das Kriegführen ohne diese Sammlungen nicht vermag, dann soll er es einstellen.“[36] Auch er ein Verdächtiger.

„Früher haben die Kapuziner gebettelt und jetzt kommt ihr“,[37] sagt der Seiler Ferdinand Höfle. Auf Polizisten ist er nicht gut zu sprechen, weil sie spätabends die Einberufung seines Sohnes zugestellt haben, worauf seine Frau eine Fehlgeburt erlitten hat. Prompt macht ein gefährlicher Witz die Runde. Und wenn Nazis eines nicht haben, dann ist es Humor. Also pass gut auf, wenn du diesen Witz erzählst: „Was haben Nazis und Kapuziner gemeinsam? Beide kommen in braunen Uniformen und betteln.“

Die Kapuziner sind ein Bettelorden von Franziskanerbrüdern der katholischen Kirche. Kapuziner schenken Kindern kleine Ringe. Statt eines Rings gibt es jetzt eine Nazi-Plakette, während die Sammler ihre Ohren spitzen und in die Häuser spähen: Was für Zeitungen liegen auf dem Tisch? Sammelt jemand verbotene Flugblätter? Hört da wer Radio Beromünster aus der Schweiz? Die Dornbirner mögen den Sender nicht nur wegen des Wetterberichts, sondern weil es die einzige unabhängige Informationsquelle ist, die es noch gibt. Wirst du dabei erwischt, verhaften sie dich. Zimperlich sind die Behörden nicht.

Man verzeihe mir, dass ich lache, obwohl es nicht zum Lachen ist, aber Johann König aus Lustenau muss für drei Tage ins Gefängnis, weil er in seinem Garten Salatkresse in Form eines Sowjetsterns gepflanzt haben soll und weil man bei ihm Notizen über Sendungen des Moskauer Rundfunks findet.

Dass in Dornbirn jeder jeden kennt, kann sich auch in Friedenszeiten eng anfühlen. Aber wehe, wenn wir plötzlich um unser Leben fürchten müssen, dann erst lernen wir unser wahres Gesicht kennen, unser Angstgesicht, unser Wutgesicht, unser Duckmäusergesicht und vielleicht sogar unser Mutgesicht.

Widerstand können wir auf viele Arten zum Ausdruck bringen. Wir können Flugblätter drucken und verteilen. Wir können Wände anmalen, Streiks organisieren und Unterschriften sammeln. Wir können den Hitlergruß verweigern, Gerüchte verbreiten, Witze über den Führer erzählen oder predigen. Wir können uns umbringen. Auch das ist Widerstand. All das passiert in Dornbirn. Manches im Verborgenen.

Ein Freund erzählt mir die Geschichte seiner Mutter, die in Egg aufgewachsen ist. Sie heißt Maria. Die achtjährige Maria findet Hitler menschenverachtend und abscheulich. Tapfer hebt sie den Arm und sagt „Heil Britler". Als sie zum Geburtstag des Führers wie jedes Schulkind ein Bild geschenkt bekommt, sticht sie ihm die Augen aus und hängt das Bild an einen Stacheldrahtzaun. Sie steht auf der Brücke und stellt sich vor, wie Hitler einmarschiert. Der soll nur kommen, denkt sie, dann nimmt sie die Mistgabel, stößt sie ihm in den Bauch und wirft ihn über die Brücke.

Der Vater ermahnt sie, nur ja vorsichtig zu sein. Maria wird ihr Leben lang nicht verstehen, dass manche Menschen Ende der 1970er-Jahre immer noch so tun, als hätten sie von nichts gewusst. Jedes Kind wusste das, sagt Maria, es war nie ein Geheimnis.

Erich Kästner glaubt, dass das schlechte Gedächtnis eine Folge des schlechten Gewissens ist. Er ist als einziger der geächteten Schriftsteller bei der Verbrennung seiner eigenen Bücher 1933 dabei. „Emil und die Detektive" wird 1936 vom Regime verboten. Von Erich Kästner stammt das Zitat: „An allem Unfug, der passiert, sind nicht etwa nur die schuld, die ihn tun, sondern auch die, die ihn nicht verhindern."

In Vorarlberg gibt es Menschen, die den Unfug verhindern wollen. Manche wie Maria tun es allein. Manche organisieren sich. Wie die „Aktionistische Kampforganisation" (AKO) in

Dornbirn. Vor organisiertem Widerstand haben die Behörden richtig viel Angst. Nur so kann man sich erklären, wie unerbittlich und brutal sie gegen alle Mitglieder vorgehen.

Wer gründet die AKO?

Wilhelm und Elsa Himmer – der Eigensinnige und seine Schweizer Frau

Am 30. Oktober 1910 in Bludenz geboren, wohnt und arbeitet Wilhelm Himmer als Schlosser in Dornbirn. Rebellisch soll er sein. Eigensinnig. Schon in den 1930er-Jahren gerät er mehrfach in Konflikt mit den Behörden. „Wachebeleidigung" und „öffentliche Gewalttätigkeit" werden ihm vorgeworfen. Er sei ein „äußerst renitenter und gelegentlich rabiater Mensch, der sich fortgesetzt immer wieder in öffentlichen Gewalttätigkeiten gefällt", und gilt den Behörden als „unverbesserlicher ‚Asozialer'".[38]

Seine Frau Elsa (geb. Herzig) stammt aus St. Margrethen, wo ihre Eltern wohnen. Deswegen haben die Himmers eine Grenzkarte für den kleinen Grenzverkehr. 1939 lernt Wilhelm in der Schweiz den Deutschen Max Oberholzer kennen. Der Rechtsanwalt und Kommunist regt ihn zum Aufbau einer Widerstandsgruppe an. Ähnliche Gruppen gäbe es auch andernorts.

Die Gruppe nennt sich Aktionistische Kampforganisation (AKO) und beginnt Gleichgesinnte um sich zu scharen. Ihre Mitglieder kommen vor allem aus dem Arbeitermilieu: Hilfsarbeiter, ehemalige Christlichsoziale, Sozialdemokraten und Kommunisten, die orientierungslos sind und erleben, dass der Nationalsozialismus ihre Lage noch mehr verschlechtert. Himmer gibt Richtlinien aus:

Wer der AKO angehört, hat die Pflicht, dem Naziregime größtmöglichen Schaden zuzufügen, etwa durch Gegenpropaganda (auch „Flüsterpropaganda" genannt). Die AKO will Angriffe und Anschläge gegen Nazi-Einrichtungen vorbereiten. Jedes Mitglied handelt auf eigene Gefahr und muss die AKO decken, da es nur so möglich ist, einem verunglückten

Mitglied zu helfen. Aktionen sind der Leitung zur Prüfung vorzuschlagen. Wilde Aktionen sind zu vermeiden, doch sollen günstige Gelegenheiten rücksichtslos ausgenützt werden.

Im Kriegsfall hat jedes Mitglied die Pflicht, Verkehrsverbindungen, Eisenbahnen, Brücken, die für den Nachschub der Armee wichtig sind, zu unterbrechen und zu stören. Die Mitglieder sind zu größter Schweigsamkeit und Vorsicht und zu gegenseitigem Beistand verpflichtet. Neue Mitglieder dürfen erst eingeweiht werden, wenn sich der Werbende in der politischen Einstellung des zu Werbenden absolut sicher ist.

Es läuft alles andere als geschmiert. Abgesehen vom Kontakt zum „Kopf" der Organisation Max Oberholzer in der Schweiz ist die AKO auf sich allein gestellt. Bei der Anwerbung von Mitgliedern geht Wilhelm Himmer nicht besonders geschickt vor. Er selbst birgt starke Widersprüche in sich. Seine Mitstreiter ermutigt er, militärische Informationen (zum Beispiel die Lage von Kasernen oder Bunkern, Truppenbewegungen und Ähnliches) in Erfahrung zu bringen. In Altstätten trifft er mehrmals jemanden, der im Schweizer Bundesrat ein- und ausgeht und die Informationen wahrscheinlich weitergibt. Zudem wird ein Mitglied der AKO selbst zum Denunzianten und informiert die Gestapo.

Himmer ist unvorsichtig. Bei einer Leibesvisitation an der Lustenauer Grenze hat er verschiedene Zettel in seiner Rocktasche. Nach dem Verhör wird er wieder auf freien Fuß gesetzt. Er macht, was die Gestapo erwartet: Er besucht zwei Mitglieder, um sie zu warnen. Am folgenden Tag werden Himmer und die beiden Besuchten festgenommen. Weitere Mitglieder werden verhaftet. Zwei Jahre dauert die Untersuchungshaft in Innsbruck. Trotz brutalster Verhörmethoden kommt nur wenig ans Licht. Der Schauprozess lebt mehr von der Empörung der Richter als von Fakten.

Am 20. März 1942 wird Wilhelm Himmer in Innsbruck wegen „Hoch- und Landesverrats" zum Tode verurteilt und am 8. Juli 1942 in Berlin-Plötzensee hingerichtet. Das „Vorarlberger

Tagblatt“ berichtet in einer kurzen Notiz über die Hinrichtung, dass Himmer Spionage gegen Deutschland getrieben und sich hochverräterisch betätigt habe. Der Dornbirner Chauffeur Arthur Sohm wird zu lebenslanger Zuchthaushaft, Ehefrau Elsa Himmer zu zwölf, der Heizer Josef Wieland zu sieben und der Arbeiter Johann Gutensohn zu fünf Jahren verurteilt.

In einem zweiten Prozess in Feldkirch wird ein erweiterter Kreis von Personen, die mit Himmer irgendwie in Kontakt standen, verurteilt. Josef Höfel, Eugen Bohle und Hilar Paterno werden der „Vorbereitung des Hochverrats“ für schuldig erkannt und erhalten mehrere Jahre Gefängnis beziehungsweise Zuchthaus. Nur Wieland überlebt die Haft und anschließende Lagerqual. Josef Höfel wird nach einem Ausbruch aus dem Feldkircher Gefängnis erschossen. Er ist 19 Jahre alt. Was passiert mit den anderen Mitgliedern?

Elsa Himmer ist von Jänner 1940 bis Kriegsende in Haft, dann wird sie von amerikanischen Truppen aus dem Gefängnis befreit und kann sich im Sommer 1945 zu ihren beiden Kindern nach Dornbirn durchschlagen.

Hilar Paterno – der Verlorene

Er ist 1905 in Dornbirn geboren und hat vier Geschwister. Sein Vater Giovanni war ein Sohn von Trentiner Einwanderern, arbeitete bei der Reichsbahn und fiel 1918. Die Mutter stammt ebenfalls aus dem Trentino. Nach der Volksschule kommt Hilar in der Textilfabrik Hämmerle und anschließend in einer Dornbirner Ziegelei unter. Er geht auf Wanderschaft und arbeitet in landwirtschaftlichen Betrieben im Bodenseeraum. Bei der Firma Pferschy in Dornbirn erhält er zuletzt einen Monatslohn von 110 Reichsmark. 1939 entspricht eine Reichsmark 6,40 Euro.

Wie viel sich Hilar Paterno davon kaufen kann, weiß ich nicht, aber ich vermute, dass es sehr, sehr wenig ist. Vielleicht ist er deswegen unverheiratet und wohnt bei seiner Mutter. Hilar Paterno scheint nur schwer eine Partei zu finden, von der er sich vertreten fühlt. Er soll der Sozialdemokratischen

Partei angehört haben sowie später der Heimwehr. Er soll aber auch Mitglied der illegalen SA gewesen sein. 1939 schließt er sich der AKO an. Er sammelt militärische Informationen und wird der „Verbreitung von Lügennachrichten ausländischer Sender" bezichtigt. Von den Verurteilten wird ihm die aktivste Werbetätigkeit für die AKO unterstellt. Er kommt ins Zuchthaus Kaisheim nach Bayern und wird 1943 nach Mauthausen überstellt, wo er einen Tag nach seiner Ankunft auf der „Todesstiege" erschlagen wird.

Die „Todesstiege" ist ein besonderer Ort der Grausamkeit. Steinträgerkommandos schleppen mehrmals täglich Granitblöcke über insgesamt 186 Stufen 31 Meter hinauf. Die SS-Wachmannschaft sorgt für Unfälle und Morde an Häftlingen. Hilars Mutter Cherubina Theresa Paterno lebt bis 1957.

Arthur Sohm, Chauffeur, und Josef Wieland, Textilarbeiter und Heizer

Der Chauffeur Arthur Sohm heiratet 1930 Theresia Vallaster und wohnt in Rüttenersch 11, kaum hundert Meter von Hilda entfernt. Ob sie das Ehepaar kennt? Vom Sehen ganz bestimmt. Ob sie mitkriegt, wie die Hitlerjugend mehrmals zum Wohnhaus der Sohms zieht und es mit Steinen bewirft?

Auch Arthur Sohm wird ins KZ Mauthausen überstellt. Davon berichtet sein Kollege Josef Wieland: „Wir fuhren in die [sic] sogenannten Zeiserlwagen, man zwingt uns in solche Käfige hinein, wo nur zwei Personen Platz hätten. Wir wurden aber zu 6–8 hineingestoßen. Dann ging es zwei Tage ohne etwas zu essen und trinken nach Mauthausen. Um 10.00 Uhr nachts kamen wir am Bahnhof an, wo uns die SS in Empfang nahm mit vorgehaltenen Revolvern und Gewehren. Dann mussten wir in Fünferreihen eine Stunde laufen ins Lager. Bei dem Laufen wurden wir schon misshandelt; da gab es Hiebe und Stöße. Mitternacht kamen wir oben im Lager an, wo man uns einen schönen Empfang machte: wir wurden aufgestellt und gefragt von der SS, warum wir ins KZ gekommen sind. Ein jeder sagte es warum, wo man dafür geschlagen wurde. Es gab unter uns Kriminelle und viele Hochverräter. Wir Hochverräter mussten die Hände hoch heben und vortreten. Dann wurden wir so geschlagen, dass uns das Blut über und über runter rann. Wir wurden zu Boden geschlagen, wo man uns dann mit Fußtritten traktierte. Dann mussten wir zwei Stunden still stehen bleiben in der größten Kälte, nachher wurden wir gebadet und rasiert von Kopf bis Fuß wie ein Schwein wenn man sie [sic] schlachtet. Dann ging es wieder heraus wo wir eine Stunde stehen mussten, wo uns erklärt wurde, dass wir alle aufgehängt werden heute oder morgen noch."[39] Zwei Monate nach der Einlieferung wird Arthur Sohm am 21. März 1944 im Nebenlager Gusen Opfer dieser Brutalität.

Josef Wieland übersteht als Einziger die Strapazen mit Zähigkeit und Glück, aber mit bleibenden Schäden für seine Gesundheit. Im Außenlager Loiblpaß wird er von englischen Truppen schwer krank befreit und in ein Klagenfurter Lazarett gebracht. Er lebt bis zum 11. Jänner 1978.

Maria Wieland – das Folteropfer

Die Musiklehrerin Maria Wieland ist angeblich wie ihr Ehemann Josef Wieland Mitglied der AKO und wird im Zuge der Aushebung der Gruppe festgenommen. Hausdurchsuchungen, Verhöre und Misshandlungen durch die Gestapo erschüttern Maria derart, dass sie schließlich im Herbst 1944 an die Innsbrucker Nervenklinik „abgegeben werden mußte"[40] und vermutlich bald stirbt. Die offizielle Todesursache lautet „allgemeine Schwäche und Lungenentzündung". Wahrscheinlicher ist, dass „Mizzi" Wieland 1944 im Rahmen des NS-Euthanasieprogramms im Alter von vierzig Jahren ermordet wurde. 2012 wird nach ihr der Maria-Wieland-Weg in Dornbirn-Haselstauden benannt.

Johann Gutensohn – der gute Bekannte

Johann Gutensohns einziges Verbrechen ist, dass er Sozialdemokrat ist und Himmer kennt. 1940 liegt er im Spital Dornbirn aufgrund einer Mandeloperation und wird wegen angeblicher Mitgliedschaft in der AKO verhaftet. Gutensohn weiß von nichts, aber es genügt, dass jemand beobachtet hat, wie er Himmer zufällig vor einem Kiosk traf. Obwohl Gutensohn dieser Gruppe nicht angehört, reicht ein kurzes, harmloses Gespräch, um ihn festzunehmen und zu fünf Jahren Zuchthaus zu verurteilen. Gutensohn wird nach Amberg in Deutschland überstellt; besonders schlimm sind die Wochen, die er in der Todeszelle in Stadelheim bei München verbringen muss.

Im April 1945 befreien ihn amerikanische Truppen. „Das Herz hat mich gedrückt", erzählt er in einem Interview 1997. „Im Juni habe ich dann draußen Abschied genommen und bin heimwärts. Bis Regensburg haben mich die Amerikaner mitgenommen. [...] Dort habe ich zufällig den Bürgermeister [Alfons Heiß, 1946–1948 Oberbürgermeister von Regensburg] getroffen. [...] Er war mit mir zusammen eingesperrt und hat mich noch gekannt. Seine Frau wurde umgebracht, weil sie Halbjüdin gewesen ist. [...] Er hat mich dann verpflegt. [...] In Landeck sah ein Franzose, dass ich Militärhosen trug. Ich hatte keine Sträflingssachen mehr an, der Amerikaner hatte uns gesagt: ‚Dann könnte ein fanatischer Nazi euch erschießen.' Der Franzose konnte nicht Deutsch und ließ mich laufen. [...] Ich bin dann über den Arlberg und als ich die Vorarlberger Luft – das Herz hat mich gedrückt – ich hatte es damals ja wirklich nicht recht gehabt hier. Ich kam immer weiter herunter [...] bis ich dann hier angekommen bin. Da muss mich eine Frau gleich erkannt haben. Sie hat auf ihren Mann gewartet, aber der ist nicht gekommen. Und die ist dann mit ihrem Fahrrad die Moosmahdstraße hinaus und hat [zu meinen Eltern] gesagt: ‚Gutensohns Hans kommt.' [...] Dann kam natürlich die Mutter, die ist schlank gewesen, sie ist bis zum Konsum gelaufen. In der Zeit, bis ich aber zum Konsum gekommen bin, hat mich schon einer angespuckt. Aber ich hab mir nichts daraus gemacht. Ich hab nur gedacht, wenigstens fühle ich eine andere Luft, nicht mehr diese Säbelrasslerei. [...] Die Mutter, die hat geweint und geweint."[41]

Johann würde so gern eine Tabaktrafik übernehmen, aber daraus wird nichts. Die erwartete Starthilfe bleibt aus. Jahrelang muss er trotz Opferausweises auf eine geringe Entschädigung warten. Er lebt bis 2002.

Nicht nur, dass Menschen wie er geistig und körperlich zerrüttet werden, verdienen sie jahrelang nichts. Ihre Geschäfte sind vernichtet. Arbeit gibt man ihnen keine. Sie werden sozial isoliert. Niemand will etwas mit ihnen zu tun haben. Sie stören das Bild vom vermeintlichen Frieden. Außer den hier vorgestellten Opfern trifft es noch viele andere. Nur wenige überleben. Viele schweigen bis ans Ende ihres Lebens. Denn als wäre die Hölle in den Lagern nicht genug, erwartet sie in Dornbirn die nächste Hölle: Man spuckt ihnen vor die Füße, wenn sie über den Marktplatz gehen.

Das bis dahin beispiellose, besonders brutale und gnadenlose Vorgehen der NS-Behörden gegen die Mitglieder der Dornbirner Gruppe AKO ist kennzeichnend für die Terrorherrschaft in Vorarlberg. „Gewalttätiger und rücksichtsloser ist in der neueren Geschichte dieses Landes nie gegen eine Gruppe politisch Andersdenkender vorgegangen worden.“[42]

Die Nachwelt kümmert sich nicht um die ehemaligen Mitglieder der AKO. Ihr Widerstand wird unter den Teppich gekehrt. In Vorarlberg entscheidet man sich für das Verdrängen. Die Landesregierung hält die Akten bis in die 1980er-Jahre verschlossen und verwehrt Historikerinnen und Historikern die Einsicht. Die rigorose Archivsperre wird begründet mit dem Schutz noch lebender Personen.

6. Das Stadtspital, Armen- und Versorgungshaus. Euthanasie und Zwangsabtreibungen

Ich verlasse die Sägerbrücke und wende mich dem Spital zu. Diese Geschichte beginnt im Vormärz, als Ideen aufkommen, die der Kaiser nicht mag: Liberalismus, Sozialismus, freiheitliche Bewegungen, Nationalismus. Revolutionäre Ideen müssen im Keim erstickt werden. In Paris ist gerade eine Revolution ausgebrochen. Die Schweiz beginnt sich zu demokratisieren. Um ein Übergreifen der revolutionären Funken der Eidgenossen über den Rhein zu verhindern, soll in Dornbirn eine schnelle Eingreiftruppe bereitstehen. Die kaiserlichen Militärstrategen sehen an der Ach eine gute Möglichkeit, sich zu verteidigen, und errichten hier 1836 eine Kavalleriekaserne.

Zu dieser Zeit leben in Dornbirn 4500 Menschen. Wo nur sollen sie Lebensmittel anbauen, um so viele zu ernähren? Zudem sind viele arm oder krank. Die Gemeinde greift in den Armenfonds und bringt die Kranken in den Zimmern der Gasthäuser unter, wo sie von bezahlten Wärtern verpflegt werden.

Die Aufstände 1848 werden niedergeknüppelt. Die Schweiz beginnt ihre Bundesverfassung anzunehmen, die Soldaten verlassen Dornbirn und die Kaserne verwandelt sich in etwas, das man im 21. Jahrhundert Mehrgenerationenhaus mit Sozialzentrum, Seniorenresidenz und Hospiz nennen würde. Ältere Menschen kaufen sich ein und hoffen so auf einen gesicherten Lebensabend.

Man nennt sie „Pfründner“. Der Haushalt wird besorgt, das Essen serviert. Der Pfründner bekommt Taschengeld, hat Ausgang und kann, wenn er fit genug ist, in der Landwirtschaft und im Garten arbeiten. Unter den Pfründnern sind auch alleinstehende Mütter mit Kindern, die eine hauseigene Schule besuchen, weil der Platz im Hatlerdorf in der Volksschule ohnehin sehr knapp ist. Zeitweise kommen die Hatler Kinder sogar hierher. So leben die Kranken, Sterbenden, Gesunden, Frauen und Kinder in einer Gemeinschaft. Um die Jahrhundertwende entsteht der erste Operationssaal, ein Leichenwagen und ein Zweispänner werden gekauft, das Spital erhält elektrisches Licht.

1901 erhebt das Armen- und Krankenhaus sich mit Dornbirns Aufstieg zur Stadt zum Stadtspital. Nur eng wird es in den Räumen. Ein neues Spital muss her. Ein Fonds zur Finanzierung wird gegründet. Viel steht einem Neubau nicht mehr im Weg, aber dann übernehmen die Nationalsozialisten die Macht und alles ändert sich.

Hilda kennt dieses Spital. Zwanzig Monate liegt sie insgesamt hier. Zum ersten Mal 1935. Da bringt sie Fritz zur Welt. Fritz wiegt 5,40 kg. Ein Kaiserschnitt würde Fritz wohl retten. Aber die Ärzte warten. Die Geburt dauert zwei Tage. Das Baby wird fotografiert. Es sieht gesund aus. Aber es ist tot.

Ein Priester kommt zur Nottaufe. Er missachtet den Namenswunsch der Eltern. Das Kind muss Josef heißen, weil alle Totgeburten „Josef“ heißen. In unserer Familie bleibt er Fritz. Im Dornbirner Gemeindeblatt wird berichtet, dass am 26. Februar 1935 Josef, ein Sohn des Kramer Josef, Tischlermeister, geboren und am gleichen Tag gestorben ist. Der Name der Mutter wird nicht erwähnt.

Hilda muss wegen Komplikationen neun Monate bleiben. Die Ärzte raten ihr dringend, nicht mehr schwanger zu werden. Trotzdem kündigt sich ein neues Baby an. Im Frühjahr 1938 soll es zur Welt kommen. Die Verwandtschaft macht sich Sorgen, nimmt Anteil an Hildas zweiter Risikoschwangerschaft.

Vier Tage nach der Volksabstimmung über den „Anschluss“ kommt, nach endlosen Stunden der Quälerei, mit 5,20 kg der kleine Hermann zur Welt – mein Vater. Angeblich ist beide Male Schwangerschaftsdiabetes die Ursache für die extrem großen und schweren Kinder. Hilda schwebt mit einer Bauchhöhleneiterung in Lebensgefahr. Von allerhand Gefühlen gebeutelt, „reitet“ mein Großvater Josef zweimal täglich „über den Jordan“, wie er es nennt, wenn er mit dem Rad von der Tischlerei über die Ach zu Hilda ins Spital fährt.

Über ihrem Krankenbett montiert er einen großen Spiegel, damit sie das Geschehen auf der Straße mitverfolgen kann. Stiefel stampfen. Die Luft vibriert. Alles ist auf den Beinen. „Heil Hitler“ rufen sie vor dem Fenster. NS-Truppen marschieren über die Lustenauerstraße und die Sägerbrücke zum Marktplatz. Hilda versucht gesund zu werden, Hermann wird von einer Pflegemutter namens Olga versorgt, Josef baut Möbel und die NS-Rassenhygieniker treiben eines ihrer zentralen Anliegen voran: die Euthanasie.

Im Oktober 1939, als Hitler persönlich die Ausrottung „lebensunwerten Lebens“ anordnet, ist die systematische Massentötung behinderter Kinder bereits in vollem Gange. Vom „Gnadentod“ ist zynisch die Rede. Von nun an entscheiden „Erbgesundheitsgerichte“, ob sich Menschen fortpflanzen dürfen. Ärzte werden mit den mörderischen Praktiken der „Kindereuthanasie“ vertraut gemacht. Sie bekommen die Macht, zu beurteilen, ob sie unheilbar Kranken einen „Gnadentod“ gewähren. Sie füllen einen Bogen aus, der drei Rubriken enthält: Ein „+“ bedeutet „Behandlung, das heißt Freigabe der Tötung“; ein „–“ bedeutet Ablehnung der Tötung.

Eine Person, die an einer Erbkrankheit leidet, ist ohne Rücksicht dem zuständigen Amtsarzt zu melden, egal, ob es sich um ein Kind unter zehn Jahren oder um eine Person in hohem Alter handelt.

Erbkrankheiten werden auf alle Arten erfasst. Jeder Fall wird untersucht. Ganze Familien stehen im Fokus der Behörden. In einer Familie sollen Angehörige wegen „erblicher Taubheit“ zwangssterilisiert werden. Da die mündliche Verständigung nicht möglich ist, werden die Fragen an die Betroffenen aufgeschrieben: „Sie sollen, so wie Ihre Schwester, wegen Taubstummheit unfruchtbar gemacht werden. Sind Sie alle vier damit einverstanden? Die Operation ist sehr klein, viel einfacher noch als bei der Schwester. Wenn Sie dann später wieder eine taubstumme Frau heiraten sollten, bekommen Sie sofort die Erlaubnis. Sie werden dann in nächster Zeit eine Vorladung zum Gericht bekommen, der Sie Folge leisten müssen. Die ganze Angelegenheit wird hier geheim behandelt. Wenn Sie also selbst zu niemand etwas sagen, wird man es nicht erfahren. Wollen Sie auch in das Sanatorium Mehrerau gehen?"[43] Die Betroffenen zeigen sich besorgt, dass die Beurteilung „erbkrank" bekannt werden könnte. Trotzdem werden alle Geschwister im Sanatorium Mehrerau zwangssterilisiert. Habe ich schon erzählt, dass Hilda fast taub ist?

Immer wieder versuchen Betroffene, sich den bevorstehenden Zwangseingriffen zu entziehen. Sie erscheinen nicht zur Verhandlung, nicht zum Operationstermin, fliehen aus Anstalten oder verlassen dauerhaft ihren Wohnort. In elf Fällen wird die Anwendung von Polizeizwang angeordnet. Betroffene und deren Familie haben keine Möglichkeit, eine Zwangssterilisation abzuwenden. Sie sind gezwungen, den Eingriff durchführen zu lassen, auch wenn sie der Diagnose einer ‚Erbkrankheit' nicht zustimmen oder eindeutig widersprechen. In einem Brief heißt es: „Ihr Sohn muss sich mit seiner Unfruchtbarmachung abfinden, die ein Opfer im Interesse der Erhaltung der Volksgesundheit ist, um der Weiterverbreitung von schweren Erbleiden, erblich bedingter Geistesschwäche bzw. der Anlage dazu auf spätere Generationen vorzubeugen."[44]

In Tirol und Vorarlberg können 324 Zwangseingriffe nachgewiesen werden. Im Stadtspital Feldkirch sind es 27, im Stadtspital Bregenz ist es einer und im Stadtspital Dornbirn sind es acht. Am meisten Zwangseingriffe weist das Sanatorium Mehrerau in Bregenz mit 96 auf – mehr als in der Innsbrucker Universitätsklinik.

Im Dornbirner Stadtspital erhält Bruno Rhomberg den Auftrag, Zwangssterilisationen und Schwangerschaftsabbrüche durchzuführen. Er ist der Primar. Also vermute ich, dass er bei der Geburt von Fritz und Hermann dabei ist. Bei einem Eingriff, den der Primar vornimmt, stirbt eine 23-jährige Frau, die im vierten Monat schwanger ist. Die Behörde hält fest: „Bei ihr ist nicht anzunehmen, dass wegen des im Anschluss an die Unfruchtbarmachung eingetretenen Todes Angehörige irgendwelche Ersatzansprüche stellen, da sie, wie bereits erwähnt, seit dem 6. Lebensjahr Versorgungshausinsassin ist und der Vater sich um sie, ebenso wie um seine anderen Kinder, nicht kümmerte. Sie behauptete auch seinerzeit, dass der Vater einmal sie zum Geschlechtsverkehr mit ihm bringen wollte."[45] Wer ist Doktor Rhomberg?

Bruno Rhomberg – der Gott in Weiß

Geboren 1886. Frauenarzt, Chirurg und Geburtshelfer. Ordiniert am Marktplatz 9, im ersten Stock, an Wochentagen von 11 bis 12 und von 14 bis 15 Uhr. Nimmt Abtreibungen an osteuropäischen Zwangsarbeiterinnen und an Vorarlberger Frauen mit geistigen Beeinträchtigungen vor. Im Stadtspital liegt Lore – eine entfernte Verwandte von Hilda – und hat schlimme Schmerzen in den Füßen. Bruno Rhombergs erste Diagnose lautet: Das Kind will nicht in die Schule. Ein paar Tage später kann Lore kaum mehr gehen. Der Primar stellt die zweite Diagnose: Wadenspanner! Die Eltern verlangen die Meinung eines zweiten Arztes. Dieser diagnostiziert Kinderlähmung. Lore bleibt ihr Leben lang schwer gehbehindert.

Zum ersten Mal steht Bruno Rhomberg 1919 in der Zeitung. Da schreibt ein Redakteur: „Wo blieb da die Menschlichkeit?"[46] Eine Hochschwangere bittet Bruno Rhomberg um einen Platz im Spital. Er schickt sie weg und meint, dass man sie dann schon aufnehmen werde. Der Spitalsverwalter sieht das anders. Es gebe keinen Platz für sie. Daraufhin versucht der Ehemann den Doktor zu erweichen. Die Familie lebt mit ihren Kindern in einer Wohnung, die nur aus einer Küche besteht und die sie mit der Vermieterin teilen muss. Er bittet um Hilfe für die bevorstehende Geburt. Bruno Rhomberg hilft nicht. Ein Polizist hat Mitleid mit der Frau und telefoniert mit dem Spital in Bregenz. Leider ist dort auch kein Platz und weil es schon spät ist, nimmt in Hohenems niemand mehr den Anruf entgegen. Der Mann geht nach Hause. Um halb drei Uhr früh entbindet die Frau in der Küche. Der Redakteur schreibt: „Uns scheint, dass es in diesem Falle nicht nur an christlicher Barmherzigkeit, sondern auch an Menschlichkeit weit gefehlt hat.“[47]

1933 will Bruno Rhomberg in die NSDAP, aber da herrscht gerade wegen zu hohen Ansturms eine Aufnahmesperre. 1938 tritt er der SA bei und wird Sanitäts-Obersturmführer. Verglichen mit der Vorarlberger Gesamtbevölkerung liegt die Anzahl von belasteten Nationalsozialisten unter der Vorarlberger Ärzteschaft doppelt so hoch. Ungefähr die Hälfte gehört der NSDAP an. Zwanzig werden nach 1947 als belastete Nationalsozialisten eingestuft. Das sind jene, die in den Kriegsjahren eine leitende Funktion einnehmen.

Fast alle belasteten Mediziner dürfen nach dem Krieg wieder praktizieren. Darunter sind moralisch bedenkliche Männer wie Bruno Rhomberg. Nach zwei Jahren im Lager Brederis und Berufsverbot ab 1946 ordiniert er ab 1950 wieder als Frauenarzt in der Bahnhofstraße 26 und wird 1960 Medizinalrat. Ein Jahr später stirbt er.

Ina Friedmann fasst ihre Forschungen so zusammen: Die Karrieren dieser Ärzte laufen ungebrochen weiter, sofern sie nicht mit den staatlich verordneten „Sühnefolgen“ konfrontiert werden. Den von Zwangseingriffen Betroffenen bleibt nicht nur die Anerkennung als NS-Opfer, sondern auch jegliche materielle Entschädigung verwehrt. In keinem der eingesehenen Entnazifizierungsverfahren finden Zwangssterilisierungen Erwähnung. Eliten, also mit Autorität versehene Berufsgruppen, behalten weiterhin ihren Status. Zwangseingriffe betreffen vor allem die untersten Gesellschaftsschichten.

Womit ich zum letzten und für mich schwierigsten Kapitel komme, den 35 Euthanasieopfern von Dornbirn.

Die meisten von ihnen werden in Schloss Hartheim ermordet. Schloss Hartheim. Klingt nach Barock, nach roten Samtsesseln, Apfelstrudel und Kaffee. Es steht in Oberösterreich nahe der Donau. Weil es beinah verfiel, schenkte 1889 ein Fürst sein Schloss dem Landeswohltätigkeitsverein. Mit Spenden baut man es in eine „Idioten-Anstalt“ um, eine Pflegeeinrichtung für geistig behinderte Menschen. Mit Bettenlift.

Was von 1940 bis 1944 passiert, kann ich schwer aushalten. In Schloss Hartheim werden über 30 000 Menschen mit Behinderungen oder Erkrankungen, Häftlinge aus Konzentrationslagern und ausländische Zwangsarbeitende mit Kohlenmonoxid ermordet. Der Krematoriumsofen hat zwei Brennkammern, in denen bis zu acht Tote gleichzeitig verbrannt werden können. Befeuert wird er mit Koks. Weil nicht der gesamte Leichnam verbrennt, setzt man eine elektrische Knochenmühle ein und zermahlt die Knochen der Toten. Die Asche des Krematoriums füllt man in Säcke und bringt sie anfangs mit einem Lieferwagen zur vier Kilometer entfernten Donau. Später entsorgt man die Asche im Schlossgarten, wo man sie 2001 bei archäologischen Grabungen findet. Einen Teil der Asche sendet man in Urnen an Angehörige. In die Urnen füllt man Asche von einem „großen Haufen“. Neben den Leichenverbrennern, die in den Gaskammern und den Krematorien arbeiten, sind drei Männern damit beschäftigt, mit einem Setzkasten-ABC Namensschilder auf Urnen zu stanzen, die an die Familien der Getöteten geschickt werden sollen. Jeder dieser Stanzer produziert ungefähr zwanzig Namensschilder pro Tag. Sie sehen aus wie runde Blechdeckel und kommen auf die Urne. Die Buchstaben erinnern mich an die Buchstaben einer Schreibmaschine. Auf einem Urnendeckel steht

KATHARINA WOHLGENANNT
Geb. 11.8.74 DORNBIRN
Gest. 21.2.41 HARTH.
22.2.41 Krematorium

Das Datum der Einäscherung ist wahrscheinlich fiktiv.
Wer ist Katharina Wohlgenannt?

Katharina Wohlgenannt

Die Dornbirnerin Katharina Wohlgenannt kommt in der Weißachergasse 26 zur Welt. Der Vater ist Bauer, Katharina eines von elf Kindern. Ihr Bruder Martin gehört in der Zwischenkriegszeit zum Dornbirner Stadtrat. Er wird Katharinas Vormund. Im Februar 1932 wird Katharina in die Landesirrenanstalt Valduna eingewiesen. Die Diagnose lautet Schizophrenie. Ihr Zustand verschlechtert sich. Während des Krieges soll die Valduna geräumt und in ein Lazarett umgewandelt werden. Am 10. Februar 1941 fährt ein grauer Omnibus der Gemeinnützigen Krankentransportgesellschaft „Gekrat" vor.

Krankentransporte sind nichts Ungewöhnliches, ein Gekrat-Transport schon, denn Gekrat ist ein Tarnname und steht für die Verbringung von kranken und behinderten Menschen, die während der „Aktion T4" ermordet werden. Fünf T4-Transporte verlassen die Valduna. Katharina befindet sich im ersten Lastwagen und wird ins Schloss Hartheim gebracht, wo sie vermutlich noch am selben Tag ermordet wird.

1983 wird bekannt, dass ihre Urne zusammen mit 188 anderen Urnen im Keller des Hauptfriedhofes in Konstanz aufbewahrt worden war. Die Urnen enthalten die Asche von Euthanasie-Opfern und wurden ab 1940/41 zur Verschleierung der nationalsozialistischen Verbrechen in mehrere deutsche Städte geschickt. Zuvor waren die Angehörigen der Ermordeten mit einem Normbrief über den Tod informiert worden. Wer nicht innerhalb von 14 Tagen um Übersendung der Urne bat, konnte die Asche seiner Angehörigen nicht beerdigen und erfuhr auch nichts über deren Verbleib.[48]

Geschwister Frieda und Alfons Arnold Thurnher

Nur einen Steinwurf weiter, auch im Oberdorf, leben der Krämer Arnold Thurnher und seine Frau Ursula, die nach dem Ersten Weltkrieg stirbt. Zwei ihrer sieben Kinder werden von den Nazis ermordet – Frieda in Schloss Hartheim und Alfons Arnold in Mauthausen.

Wer ist Frieda Thurnher?

Frieda Thurnher

Im Jahr 1895, als Frieda Thurnher zur Welt kommt, deutet Sigmund Freud in Wien erstmals vollständig einen eigenen Traum, den Traum von „Irmas Injektion". Auch bei Frieda lautet die Diagnose Schizophrenie. Bis zu ihrer Einweisung in die Valduna arbeitet sie als Hausgehilfin. Ihre Schwester Eugenie Kresentia kümmert sich liebevoll um ihre Schwester und schickt ihr im Winter 1940/41 warme Kleidung aus Sorge, ihre Schwester würde frieren. Aus den Briefen wird deutlich, dass Eugenie über Jahre versucht, ihrer Schwester das Leben zu erleichtern.

Frieda kann ihre Zuneigung aber bald nicht mehr richtig einordnen. Sie zerreißt sich wiederholt die Kleidung. Auch in Anwesenheit ihrer Schwester, die sich davon aber nicht beeindrucken lässt. Bei einem anderen Besuch nimmt sie Frieda unerlaubterweise mit nach Rankweil zu einem Spaziergang. Frieda entwischt ihr und muss gesucht werden. Ihr Zustand verschlechtert sich. Sie wird als „stumpf" und „autistisch" bezeichnet. Am 10. Februar 1941 wird Frieda Thurnher nach Hartheim verlegt und ermordet.

Alfons Arnold Thurnher

Im Jahr 1904, als Alfons Arnold Thurnher in Dornbirn zur Welt kommt, wird in Wien zum ersten Mal eine Beamtin in einem Ministerium eingestellt und die erste Frau in die Ärztekammer aufgenommen. In Deutschland tritt das Kinderschutzgesetz in Kraft, das die Arbeit von Kindern unter zwölf Jahren in allen gewerblichen Betrieben verbietet, und Rosa Luxemburg wird wegen Majestätsbeleidigung zu drei Monaten Haft verurteilt.

Der jüngste Bruder von Frieda und Eugenie ist wie seine Eltern Tagelöhner und schon in eine Situation der mehrfachen Besitzpfändungen und Wohnortswechsel hineingeboren. Er verbringt einige Zeit als Pfründner im Dornbirner Armenhaus. Das NS-Regime stuft ihn als „asozial" ein. Er wird verhaftet und ins Konzentrationslager Mauthausen überstellt, wo er im Jänner 1940 ermordet und auf dem Urnenhain in Linz im

Krematorium eingeäschert wird. Seine Aschekapsel wird im November 2015 auf dem Friedhof Steyr geborgen.

Paula Bohle

Als Paula Bohle zur Welt kommt, im Jahr 1892, erscheint auf Initiative von Bertha Suttner zum ersten Mal die Zeitschrift „Die Waffen nieder“. In Wien dürfen zum ersten Mal dreißig Mädchen eine gymnasiale Klasse besuchen. In Zürich promoviert eine der ersten Frauen an der Universität. Gulden werden durch Kronen ersetzt. Im Dornbirner Oberdorf wird das neue Schulhaus eröffnet. Ein Drittel der Kosten hat der Fabrikant Viktor Hämmerle beigesteuert, der die alte Schule kauft und eine Koch- und Nähschule gründet. Ein Bruder von ihm, Guntram Hämmerle, baut nur einen Steinwurf von der Schule in der Dr.-Waibel-Straße seine Villa fertig. Sie erstrahlt in bunten Farben, romantisch, burgartig mit einem wuchtigen Turm, der an das feudale Mittelalter erinnert. Bäume werden gepflanzt. Noch sind sie klein, aber in hundert Jahren werden sie mächtige Schatten werfen. Fünf Gehminuten davon entfernt, in der Bockackerstraße, wohnt die Familie Bohle.

Ich stelle mir vor, dass sich die Wohlgenannts und die Thurnhers kennen. Vater Bohle ist Stickfergger und verantwortlich für die Anlieferung, die Abholung und Lieferung von Stickware an den Exporteur in der Schweiz. Paula hat zwei Brüder. Ein Bruder stirbt als Kleinkind. Paula ist ein unauffälliges, kluges Kind. Mit zwölf erleidet sie ihren ersten epileptischen Anfall. Zwei Jahre später, 1906, stirbt Paulas älterer Bruder mit sechzehn. Von da an häufen sich Paulas epileptische Anfälle. Wohl durch diesen Verlust traumatisiert, wird sie in einer Anstalt im schweizerischen Thurgau und in der Valduna behandelt. Paulas Krankheit bekommt den Namen Dementia praecox, ein Sammelbegriff für Geisteskrankheiten aus dem Bereich der Schizophrenie, der bald nicht mehr verwendet wird. 1929 wird Paula endgültig nach Rankweil gebracht. Im Gegensatz zu den meisten anderen verhält sie sich auffallend ruhig, bleibt den ganzen Tag dort, wo man sie hinsetzt, lächelt und spricht wenig. Nur wenn andere halluzinieren und schreien, wird Paula handgreiflich. Am 10. Februar 1941, am gleichen Tag wie Katharina Wohlgenannt, Frieda Thurnher und Anna Flatz, wird Paula Bohle nach Hartheim gebracht und ermordet.

Wer ist Anna Flatz?

Anna Flatz

Anna Flatz kommt wie Paula Bohle 1892 zur Welt. 1916 heiratet sie den Dornbirner Webermeister Martin Flatz. Die beiden bekommen drei Söhne. Anna kümmert sich um den Haushalt. Auch bei ihr wird Dementia praecox diagnostiziert. Auch sie wird vorher öfter in der Valduna behandelt, bis sie 1927 endgültig eingewiesen wird. Ihre Mutter berichtet, dass Anna unter Wahnvorstellungen leidet, das Essen verweigert und wiederholt ankündigt, ins Kloster zu gehen. Ihr Ehemann vermutet, dass seine Frau bereits seit Kindheitstagen nicht „normal" ist, und führt das darauf zurück, dass sie als uneheliches Kind geboren wurde und dementsprechend gesellschaftlich stigmatisiert war.

Er beschreibt die letzten zwei Jahre seines Ehelebens – feindselig sei Anna ihm gegenüber gewesen, habe unnötig Geld ausgegeben und sei den Söhnen gegenüber handgreiflich geworden. Anna Flatz' Brüder sehen das anders. Sie beschreiben ihren Schwager als knausrigen Kontrollsüchtigen, der ihre Schwester, die zwar etwas manisch wäre und schöne Kleider mag, stets zu überwachen versucht habe. Den Hang zu den feinen Dingen scheint sich Anna in der Valduna erhalten zu haben. Wiederholt beschwert sie sich über das Essen und fordert manchmal mehrere Flaschen Limonade. Im Laufe der 1930er-Jahre lässt sich Anna Flatz von ihrem Ehemann scheiden und nimmt wieder ihren Mädchennamen an. Zu Gewalt neigt sie nie. Am 10. Februar 1941 wird sie so wie Katharina, Paula und Frieda nach Hartheim verlegt und ermordet. Zwei ihrer Söhne fallen 1940 und 1942.

Adolf Pasler

Adolf wird 1897 in Bezau als eines von neun Kindern geboren. Nach der Matura am BG Dornbirn studiert er und hält in der Öffentlichkeit Reden mit religiös-wahnhaftem Inhalt. Erstmals wird er in die Valduna eingewiesen. Er ist neunzehn. Laut Krankenakte leidet er unter Schizophrenie. Von 1922 bis 1929 wird er in der Valduna behandelt. Er arbeitet im Garten oder auf dem Feld und fällt gelegentlich durch Raufereien auf. Hin und wieder bricht er aus, um seine Familie in Dornbirn zu besuchen. Anschließend lässt er sich ohne Widerstand wieder zurück in die Anstalt bringen. Sein Zustand verschlechtert sich, Raufereien und andere Gewaltausbrüche werden zahlreicher. Ansonsten scheint er sich relativ „normal" zu benehmen. Aufgrund der Fluchtgefahr „muss" Adolf Pasler oft in Isolationsverwahrung, was ihm mit der Zeit offenbar auf sein Gemüt schlägt. Im Juni 1929 beschließt er wieder einmal, auszubrechen.

Einen Sack über dem Buckel, klettert er über ein Vordach, schaut in die Tiefe und denkt sich: „Jetzt oder nie." Über den Rheindamm fährt er mit einem kaputten Rad ins Hatlerdorf. Seine Familie rät ihm, wieder in die Valduna zurückzugehen. Aber Adolf hat ein anderes Ziel und besteigt sein Rad. Er fährt über die Grenze, sieht in Friedrichshafen den „Graf Zeppelin", die Insel Mainau, steigt auf den Hohentwiel bei Singen, fährt über Donaueschingen nach Freiburg, bewundert in Offenburg Löwen in einem Zirkus, lässt Karlsruhe rechts liegen, studiert in Mannheim die quadratischen Straßen und begegnet am Rheinufer Soldaten aus Marokko und Afrika. In Mainz ist das Wetter schön.

Das schlechte Gewissen plagt ihn. Mit dem Dampfer „Königin Hermine" fährt er bis Koblenz und kommt schließlich in Düsseldorf an. Hier lebt seine liebe Schwester Nora, die sich in der Gewerbeschule auf die Meisterprüfung zur Schneiderin vorbereitet. Sie hilft ihm, rät ihm, nach Holland zu flüchten. Kurz bevor es so weit ist, finden sie ihn. Unter strenger polizeilicher Bewachung, in einem Gefängnis auf Rädern, wird er über München und Lindau und mit dem Dampfer nach Bregenz in die Valduna gebracht, wo er am 15. März 1930 um 18.40 Uhr wieder ankommt.

Elf Jahre später, am 10. Februar 1941, am gleichen Tag wie Katharina, Frieda, Paula und Anna, wird Adolf Pasler ins Schloss Hartheim transportiert und ermordet. Sein selbst verfasster Lebenslauf „Lauf ins Leben“[49] macht auf mich nicht den Eindruck, dass er „schwachsinnig“ war. Das haben auch die Ärzte der Heil- und Pflegeanstalt beobachtet, aber geholfen hat ihm niemand.

7. Dornbirn im Krieg

Die Einberufung meines Großvaters Josef kommt im Oktober 1941. Mit dem Zug fährt er nach Amberg in der Oberpfalz. Dort ist er überzählig, will heißen, sein Name steht auf keiner Liste. Während seine Kollegen nach Russland in den Tod geschickt werden, schicken sie ihn wieder nach Hause. In der Tischlerei gibt es genug Arbeit. Nur die Gesellen kommen ihm abhanden. Im Jänner 1942 wird er nach Westfrankreich einberufen. Am Atlantik baut er Verteidigungsanlagen und Stützpunkte, um die Küste gegen einen Angriff der Alliierten über den Ärmelkanal zu sichern, und versucht, der Tischlerei aus der Ferne zu helfen.

Hilda führt die Tischlerei vor Ort. Ihr zur Seite steht der Werkmeister Siegfried Platter, ein Südtiroler Aussiedler. In seiner neuen Siedlung gibt es in jeder Wohnung bereits ein Wasserklosett, einen Warmwasserboiler und eine Badewanne. Weil sich Hilda noch mit einem hölzernen Waschzuber begnügen muss, darf sie einmal in der Woche zu Platters in die Badewanne steigen.

Neben der Arbeit im Büro der Tischlerei näht Hilda Gasmasken bei Halbeisen, einem kleinen Textilbetrieb in der Kehlerstraße 23. Später wird dort die Mormonenkirche stehen. Der sechsjährige Hermann hört, wie Hilda völlig verzweifelt und weinend ihrer Mutter über die Arbeit an den Gasmasken klagt. Und sie verzweifelt, wenn die Buchhaltung nicht stimmt. Tagelang sucht sie nach einem fehlenden Pfennig.

Von der Atlantikküste lässt Josef ausrichten, dass der Werkstattmeister keine neuen Arbeiten annehmen soll. „Wir müssen Wert darauf legen, dass die alten Arbeiten fertig werden." Er fragt, ob die Zumtobel-Küche schon geliefert sei. Hilda soll bei der Witwe Spiegel für die Kommode 500 bis 600 RM anfordern. Hilda soll schreiben, was los ist, und mit Hermännle am Nachmittag rodeln. Hilda schickt Skizzen von Tischen fürs Hotel Kreuz. Josef an der Atlantikküste rechnet aus, was die kosten. Er rät Hilda, sich Lehrbuben für die schwere Gartenarbeit zu nehmen, und erzählt, dass in dem Hotel, wo er kurz untergebracht ist, in die Möbel Hakenkreuze geschnitzt sind. Josef lässt sich dünne Bretter schicken und nagelt ein Behältnis, in das er Hühnereier legt, die er Hilda durch halb Europa schickt. 1940 ertönt in Dornbirn zum ersten Mal Fliegeralarm. Hilda bittet den Luftschutzwart von der Elastisana gegenüber, sie zu wecken, weil sie den Alarm nicht hört. Die Haustür lässt sie offen. Mit dem kleinen Hermann eilt sie in den Luftschutzkeller. Von Bomben bleibt Dornbirn verschont.

Josef bekommt drei Fronturlaube. In der Matrosenuniform macht er mächtigen Eindruck auf Hermann. Josef und Hilda schreiben sich Dutzende Briefe. Der Postweg von Westfrankreich nach Dornbirn dauert jeweils eine Woche. 1944 wird es eng für Josef. Am 6. Juni erfolgt in der Normandie die Invasion der Alliierten. Josef wird nach Brest verlegt, wo er nicht direkt in Kriegshandlungen involviert ist. Dennoch merkt er, dass es für ihn gefährlich werden könnte. „Sei unserem lieben kleinen Hermännle eine liebe Mutter wie bisher. Ich lege diesem Brief mein Verdienstkreuz bei.“[50] Wofür er das bekommen hat, wissen wir nicht.

Josef wird verwundet, gefangen genommen, nach England verlegt und von dort nach Amerika in ein riesiges Gefangenenlager in Fort Benning im Bundesstaat Georgia, in den Südstaaten. Dort belegt er Kurse in Englisch, nimmt an einem Arbeitskreis für Bautechnik teil und muss auf Erdnussplantagen arbeiten. Das letzte Wort in seinem Vokabelheft ist „adult – Erwachsener“.

Von all dem weiß Hilda nichts. Eineinhalb Jahre hört sie nichts von ihm. Sie hält die Stellung in der Tischlerei und schickt unzählige Päckchen und Briefe durch die halbe Welt zu den jungen Tischlergesellen an die Front. Sie schreiben alle. Sie brauchen Kontakt zur Heimat.

Soldat Julius Köb denkt im Osten an die schönen Jahre in der Werkstatt zurück. Josef Hecht hat genug von Russland und vom Krieg. Anton Winsauer findet im Niemandsgelände der Front, 5000 Kilometer von der Heimat entfernt, Zeit, ein

Lebenszeichen an die liebe Frau Kramer zu senden. Toni Schwendinger fällt im hohen Norden. Gebhard Frei sendet die besten Grüße aus der Tundra, wo es ziemlich unfreundlich ist. Ein Jahr später bedankt er sich von der Eismeerfront für das Päckchen. „Die Kälte macht uns weniger, die sind wir schon gewöhnt. Aber die scheußlichen Schneestürme, die oft ununterbrochen drei Tage anhalten, vermehren die Kälte schier um das doppelte."

Gefreiter Anton Sieber schreibt erst aus Bulgarien, dann aus Russland, erkundigt sich bei 30 bis 36 Grad Kälte nach der Tischlerei und schreibt von Russland an die Atlantikküste: „Lieber Kamerad Kramer! Entschuldigen Sie, wenn ich Sie so nenne, aber wie mir Ihre liebe Frau mitgeteilt hat, sind Sie nun auch ins deutsche Riesenheer eingetreten. Ich betätige mich hier nicht mehr als Tischler, sondern als Autoschlosser. Bitte schreiben Sie mir auch einmal wie es Ihnen geht. Herzlich grüßt Ihr Anton Sieber" Dann schreibt er nichts mehr. Anton Sieber ist tot.

Weihnachten 1944 ist für Hilda eine schlimme Zeit. Am 27. Dezember erhält sie vom Roten Kreuz eine Nachricht, die mit dem Satz beginnt: „Für Heeresangehörige, die einer Einheit angehörten, die vermutlich nicht mehr besteht (Frankreichkämpfer) ..." Hildas Mutter leidet an ihrem Kropf, an dem sie bald sterben wird. Die Versorgungslage ist nicht mehr einfach. Hilda kocht Marmelade und Kompott ein, dörrt Birnen und Äpfel und brennt Schnaps. Sie schmückt den Christbaum in der Stube. Hermann bekommt seine erste Eisenbahn. Einen Kreis Schienen und drei Waggons ohne Lokomotive. Er vermisst sie nicht.

Und was macht mein Opa Leopold? Den würfelt's auch durch den Krieg. 1943 gibt er seinen Bürgermeisterposten in Bischofshofen auf, um Rekrut zu werden, kämpft rund ums Mittelmeer, bis er für zwei Monate den Bürgermeister von Cortina d'Ampezzo macht. Bei einem geheimen Einsatz in Montecassino durchdringt ein Splitter sein Herz. Obwohl frontdienstuntauglich, meldet er sich für ein Verzweiflungskommando und begibt sich im März 1945 nach Berlin. „Es war eine Wahnsinnsidee."

Mit leuchtenden Augen erinnert sich meine Mutter an die Abende, an denen er seine Flucht von Berlin nach Bischofshofen erzählte. Als Einziger von zwölf kam er lebend an. Danach verbrachte er zwei Jahre im größten Internierungslager für Nationalsozialisten und Kriegsverbrecher auf österreichischem Gebiet: in Glasenbach. Meine Mutter und meine Tante konnten seine Schilderungen so zauberhaft wiedergeben, dass ich mir „Glasenbach" als magischen Ort vorstellte, wo mein lieber Großvater aufregende Abenteuer erlebte, am Lagerfeuer saß, Speck briet, den ganzen Tag Gitarre spielte, sang, Bilder malte, für seine Kinder Spielzeug herstellte und Freunde porträtierte, wofür er Zigaretten bekam. Die Spenglerei in Bischofshofen schupfte meine Oma, die ihm unter den Erbsen in Konservenbüchsen geheime Geschenke einschweißte. In Glasenbach half man sich gegenseitig, wurde mir erzählt, mancher ging als Bäcker rein und kam als Professor raus. Vor allem geraucht wurde sehr viel in diesem Lager. Das Rauchen wurde meinem Großvater zum Verhängnis. Nach mehreren Schlaganfällen starb er 1979. Seine mehrhundertseitige Autobiografie endet mit der Flucht aus Berlin. Vor allem meine Tante beschäftigt sich ihr Leben lang mit dem Nachlass ihres Vaters.

In der Familie wird offen über ihn und seine Handlungen gesprochen. Was er selbst dachte, kann ich in seinen Erinnerungen nachlesen. Ich will wissen, was zwischen 1945 und 1979 in seinem Leben passierte, versammle seine drei im April zum „Führergeburtstag" geborenen Kinder – meine Mutter, meine Tante, meinen Onkel – an einem Tisch und stelle ein Mikrofon auf. Drei Tage lang erzählen sie. Das schreibe ich ab und gebe ihnen den Text zu lesen. „So habe ich das nie erzählt", sagt meine Tante. „Man muss das alles relativieren. So kann man das nicht schreiben." Es ist schwierig. Ich fühle mich eingeklemmt zwischen Generationen, Erinnerungen und Wahrheiten. Ich gebe auf.

8. Kriegsende

Im April 1945 häufen sich die Fliegeralarm-Meldungen. Jeder weiß, dass sich die Franzosen nähern. Hilda und ihre Schwester Anna vergraben das Auto des Schwagers im Stadel unter Heu. Die Franzosen werden es nicht finden, weil sie nicht suchen. Mein Vater Hermann und sein Schulfreund haben ihre helle Freude damit.

In der Nachbarschaft rennt Hans Österle auf den Dachboden, um die Blechkassette zu holen. Nur schnell mit dem Parteigeld ins Tirol in die Alpenfestung. Aber es ist zu spät. Am Arlberg wird er geschnappt, ins Lager nach Brederis gebracht und anschließend „entnazifiziert".

In diesem Lager, das unter französischer Kontrolle steht, sind an die 400 „Schwerbelastete" inhaftiert, unter ihnen führende Vorarlberger Textilindustrielle.

In Bregenz herrscht Chaos. Die Stadt ist voller Flüchtlinge und Verwundeter. Die Front und der Zusammenbruch rücken näher. In der Nacht vom 30. April auf den 1. Mai schießt die französische Armee von Lochau auf Bregenz.

Zwei junge Männer, Anton Renz und Helmut Falch, beschließen zu desertieren. Sie wollen die Sprengung der Lauteracher und der Harder Brücke verhindern, werden aber verhaftet und im Keller des Gasthauses Kreuz in Lauterach eingesperrt. Am Morgen des 1. Mai werden sie von SS-Leuten herausgetrieben und erschossen. Ihre Leichen werden in die Jauchegrube hinter dem Haus geworfen.

Zur gleichen Zeit folgen Luftangriffe mit Jagdbombern. Achtzig Häuser in Bregenz werden durch Brände zerstört. Am Nachmittag des 1. Mai rücken Panzer an.

Um die Mittagsstunden erreichen französische Truppen den Kornmarktplatz in Bregenz. Sie fahren in eine brennende Stadt. Für Bregenz ist der Zweite Weltkrieg zu Ende. Jetzt nähern sich die Panzer Dornbirn. Hilda schickt den sechsjährigen Hermann in den Garten, um zu lauschen. Er muss ihr sagen, was er hört.

Am 2. Mai 1945 ersucht Bürgermeister Sepp Dreher den Regimegegner Eduard Ulmer, den ehemaligen Landesführer der Vaterländischen Front, sich in seinem Dienstzimmer im Rathaus zu melden. Dort erfährt Ulmer, dass im Verlaufe dieses Tages wahrscheinlich gegen Mittag die französischen Truppen in Dornbirn einmarschieren werden. Dreher wünscht, dass Ulmer mit Ingenieur Johann Martin Luger die Übergabeerklärung für die Stadt Dornbirn dem in Betracht kommenden Kommandanten der französischen Truppen aushändigt. Ulmer bittet um genaue Anweisungen. Die kann Sepp Dreher nicht geben, aber er hält es für zweckmäßig, gegen Mittag am Marktplatz bereit zu sein, um den Übergabeakt zu bewerkstelligen.

Um halb zwölf Uhr nehmen Ulmer und Luger Aufstellung beim Roten Haus, um das Eintreffen der Besatzungstruppen abzuwarten. Vom Rathaus bekommen sie zur dienstlichen Kennzeichnung eine weiße Armbinde, die den Stempel „Luftschutz“ trägt. Die Frau des am Marktplatz wohnhaften Medizinalrats Josef Schedler wirft eine weiße Serviette vom Fenster des ersten Stockes, die Ulmer in der rechten Hand in Fahnenform erhebt, als der erste Panzer durch die Riedgasse heraufkommt. Wahrscheinlich ist es der erste Panzer in Dornbirn, denn der Einmarsch im März 1938 war eine Angelegenheit der Infanterie, und während des Kriegs tauchten Panzer, wenn überhaupt, dann nur bei Bahntransporten über den Arlberg auf.

Dieser erste Panzer hält also in der Mitte des Marktplatzes. Ich stelle mir vor, wie von allen Richtungen vorsichtig Menschen um Hausecken spähen, wie sie näherkommen, mit großen Augen, voller Angst und Neugier. Ein französischer Offizier springt ab. Er spricht einwandfrei Deutsch und winkt. Ulmer und Luger gehen auf ihn zu. Ulmer übergibt dem Offizier die Übergabeerklärung und versichert, dass die Stadt und ihre Bewohner der neuen Situation in Ruhe und Ordnung gegenüberstehen werden.

Hilda, Hermann, die Bewohner aus dem Rundbau und die übrig gebliebenen Tischler warten im Keller der Tischlerei.

Architekt Wank sagt zu Hilda: „Gehen Sie mit dem Kind und der weißen Fahne vor, auf Sie werden sie wahrscheinlich nicht schießen."

Im ersten Stock, neben Hugo Wanks Wohnung, wird eine französische Unteroffiziersfamilie einquartiert. Die Frau des Offiziers besitzt einen Hund, den man zum Pinkeln auf den Balkon schickt. Danach folgt ein Eimer Wasser.

Emmy Grygar warnt ihren Sohn Klaus: „Wenn du durch den Durchgang in den Hof gehst, schau immer zuerst, ob etwas herunterrinnt." Franzosen wohnen auch im Haus der Österles. Warum die Franzosen Hildas Häuschen in der Kehlerstraße nicht beziehen, bleibt ein Rätsel – vielleicht weil es dort nur einen Plumpsabort und kein Bad gibt.

Am 2. Mai um 16 Uhr, während zwischen Dornbirn und Hohenems noch gekämpft wird, meldet sich im Radio nach der Kennmelodie „Wiener Blut" ein zwölfjähriger Bub mit den Worten: „Hier ist der Österreichische Rundfunk, Radio Vorarlberg in Dornbirn."[51]

Es ist der Sohn von Otto Schubert, einem Rundfunk-Techniker. Ihm und ein paar Menschen gelang es, die Zerstörung einer Relaisstation in Lauterach zu verhindern und die Anlage zu retten. Mithilfe privater technischer Einrichtungen richtet Otto Schubert im Keller des Dornbirner Rathauses ein provisorisches Studio ein. Die eineinhalb Sendestunden sind in den ersten Tagen nach der Befreiung die einzige Möglichkeit, Verlautbarungen und Kundmachungen zu veröffentlichen. Leider gibt es nur noch wenige Radioapparate, da die Gestapo alle beschlagnahmt hat.

Die Nachrichtenbeschaffung ist für den Sender sehr schwierig, die Bevölkerung wird kaum informiert. Die französischen Militärbehörden dulden den Betrieb unter Aufsicht. Vor dem Gasthof Zum Weißen Kreuz stehen Panzer. Er ist nun Sitz der französischen Kommandantur.

Am 9. Dezember 1945 schreibt Hilda ihrem Mann in die Gefangenschaft: „Hermann ist gesund und Vaterle hat einen großen Buben, wenn er heimkommt, denn bald werden es zwei Jahre seit Deinem letzten Urlaub. Hätte man uns das einmal gesagt, unser Glaube war zu groß."

Als Josef am 8. Mai 1946 heimkehrt, sitzt Hilda in der Südtirolersiedlung im wöchentlichen Wannenbad. Als man ihr sagt, dass ihr Mann heimgekehrt sei, soll sie bemerkt haben, er solle warten, sie müsse sich zuerst anziehen.

Hilda und Hermann gehen die Kehlerstraße entlang in Richtung Haselstauden. Sie treffen einen Bekannten. Brav, wie Hermann erzogen ist, hebt er zur Begrüßung seinen rechten Arm zum Hitlergruß, worauf der Begrüßte erschrocken zu ihm sagt: „Burli, des darfst jetzt nimmer tuan."

Es nützt nichts, ich muss der Wahrheit ins Auge blicken: Natürlich waren meine Großeltern Hilda und Josef Kramer auch in der Partei. Das lese ich in der Familienchronik, die mein Vater Hermann verfasst hat. Er hat im Landesarchiv Vorarlberg nachgefragt, wo die Parteimitgliedschaft meiner Dornbirner Großeltern bestätigt wurde.

In den Briefen lese ich, dass Josef bis zuletzt an den Endsieg glaubte und dass Hilda es nicht ertragen konnte, wenn sich Wehrfähige vor dem Dienst drückten. Meine Großeltern wurden nicht als belastet eingestuft. Was immer das bedeutet. Keiner von ihnen sprach je wieder über den Krieg. Schon gar nicht vor uns Kindern. Wir haben auch nicht gefragt.

Josef hielt sich nach dem Krieg noch eine Weile bedeckt, mied die Werkstatt und begann, im alten Haus in der Kehlerstraße ein Badezimmer zu bauen. Mit einer Sitzbadewanne. In der Hilda badet. In der Hermann badet. In der ich bade. In der auch noch die nächste Generation badet. Bis 1999 das Haus abgerissen wird.

Hufe klappern vor meinem Fenster. Der Fiaker darf wieder Touristen durch die Wiener Innenstadt kutschieren. Die Pferde haben überlebt. Mein lieb gewonnenes Bild von Dornbirn hat tiefe Kratzer bekommen. Ich bin meinen Ängsten begegnet.

Ich schaue in den Spiegel, sehe Hilda und muss weinen. Ich weine um die Familie Turteltaub, um Hugo Lunardon, um Otto Wohlgenannt, um Katharina Wohlgenannt, Anna Flatz, Frieda Thurnher, Paula Bohle und all die anderen.

Dank an meinen Vater Hermann Kramer für seine Biografiearbeit und sein Zeitzeugenwissen.

9. Zurück an den Anfang

Kurz vor Abschluss dieser Arbeit im Februar 2023 gehe ich ins „Büro für schweres Erbe“ im Stadtmuseum, weil ich noch ein paar Fragen habe. Das Stadtmuseum hat in Vorbereitung auf eine NS-Ausstellung eine Sammelstation zum nationalsozialistischen Erbe der Stadt eingerichtet.

Ein anwesender Historiker legt zwei Kopien, die er aus Innsbruck mitgebracht hat, vor mir auf den Tisch. Auf beiden prangt ein Hakenkreuz. Es handelt sich um eine „Parteistatistische Erhebung 1939“, die alle Parteigenossen gut leserlich ausfüllen mussten.

Einen Zettel hat mein Großvater Josef ausgefüllt, den anderen hat er für Hilda ausgefüllt – das vermute ich zumindest, denn beide Zettel tragen die gleiche Handschrift und ähneln seiner.

Auf den Zetteln steht, dass Hilda im Jahr 1934 und Josef am 5. Oktober 1930 in die NSDAP eingetreten sind.

Oktober 1930?

Einen Monat bevor im Schlossbräu im Oberdorf die NSDAP Dornbirn, nach ihrem ersten gescheiterten Versuch, noch einmal gegründet wurde? Der Gau Tirol-Vorarlberg hatte mit etwa zwölf Prozent die höchste Zahl an Parteimitgliedern in Österreich.

Ich bin irritiert. „Nur“ zwölf Prozent?

Der Historiker klärt mich auf. Es besteht immer noch der weitverbreitete Irrglaube, die NSDAP sei eine Massenpartei gewesen. Ganz im Gegenteil. Die NSDAP war eine Partei der Eliten, die die Massen kontrollierte. Obwohl sie sich Arbeiterpartei nannte, war sie in der Arbeiterschaft schwach vertreten. Man ließ nur Personen ein, von denen man wusste, dass sie die Ideologie mittrugen, und achtete darauf, dass die Bewegung „echt“ blieb. Die NSDAP fürchtete um ihre Ideale und Ziele und den Verlust der Kontrolle.

1933 wurde eine Aufnahmesperre für neue Mitglieder verhängt. Ab 13. März 1938 wurden die „illegalen Kämpfer" wieder in die Partei aufgenommen, danach nur noch jene, die von klein an die Hitlerjugend durchliefen, mindestens 18 Jahre alt waren und in der Weltanschauung der Nazis geschult waren. Ab 1944, je schlechter der Krieg für Hitler lief, begann die NSDAP damit, Mitglieder, die nicht mehr mit vollem Eifer mitmachen wollten, aus der Partei zu werfen.

Die Nummern wurden zentral von München aus vergeben. Man wurde in einer Kartei registriert, ein Mitgliedsausweis wurde ausgestellt und an die Landesleitung geschickt. Deswegen kann man auch heute noch, zentral übers Bundesarchiv, die meisten Mitglieder herausfinden.

Josef Kramer bekam die Mitgliedsnummer 300793. Bei Hilda ist keine Mitgliedsnummer angegeben. Ich lese auf dem Zettel, dass Josef und Hilda weder ein Goldenes Ehrenzeichen noch einen Blutorden hatten. Bei Josef ist Handwerker angegeben. Er war Mitglied beim Roten Kreuz und im Turnverein. Bei Hilda ist Hausfrau angegeben (in Wahrheit managte sie die Finanzen und die Buchhaltung der Tischlerei). Sie war Mitglied in der NS-Frauenschaft und im Turnverein.

Ich drehe die beiden Zettel um. Und obwohl ich glaube, schon viel über meine Großeltern zu wissen, sackt mir das Blut noch einmal aus dem Kopf.

Josef war Blockleiter.

Hilda war Blockleiterin.

Diese Nachricht trifft mich. In meinem Verständnis waren Blockleiter das Allerletzte. Ihren Dienst übten sie innerhalb der Wohn-Ortsgruppe aus: Block 6. Zelle 13. Nun verstehe ich, was Josef am 15. Februar 1942 an Hilda in einem Brief von der Atlantikküste schrieb: „Also Schönenberger macht jetzt den Block, ist ja recht. Laß mir die 13/6 schön grüßen."

Während Josef in der Wehrmacht war, ruhte seine Mitgliedschaft in der NSDAP, und ein neuer Blockleiter wurde eingesetzt. Auf Wikipedia lese ich, dass ab 1933 Blockleiter von der

NSDAP eingesetzt wurden. „Der Name leitet sich vom innerstädtischen Häuserblock ab. Ein Blockleiter war für 40 bis 60 Haushalte (‚Wohngemeinschaften einschließlich Untermieter') mit durchschnittlich rund 170 Personen zuständig. Blockleiter gab es während der Zeit des Nationalsozialismus nicht nur in den Städten, sondern auch in den Dörfern, wo ein ‚Blockwart' mehrere Bauernhöfe, Handwerksbetriebe und Arbeiterhäuser überwachte. Der Blockleiter hatte seine arische Abstammung bis ins Jahr 1800 zurück nachzuweisen und wurde auf Adolf Hitler vereidigt. Er war kein hauptamtlicher Funktionär, trug aber bei dienstlichen Anlässen eine Parteiuniform und war zu ‚vorbildlichem Verhalten' auch im Privatleben angehalten. [...] Vor 1933 galt diese Bezeichnung des Blockwarts im Organisationsschema der NSDAP für die unterste Ebene der Parteifunktionen und hat sich im Sprachgebrauch der Bevölkerung erhalten."[52]

Aber warum hatte es für meine Großeltern keine Konsequenzen, dass sie so früh der Partei beigetreten sind und Blockwarte waren?

1945 wurden die NSDAP und ihre Organisationen verboten, ihre Mitglieder mussten sich registrieren lassen. Listen wurden ausgehängt. Man musste aufs Amt und ein Meldeblatt, also einen Registrierungsbogen, ausfüllen und eigene Angaben machen. Da stellte man sich naturgemäß möglichst harmlos dar. Beamte machten dann auf der Rückseite eigene Einträge. Die ehemaligen „Illegalen" – Personen, die zwischen 1933 und 1938 der NSDAP angehört hatten – sollten keine Betriebe leiten, „illegale" Arbeitnehmer entlassen werden. Aber das blieb ein Wunsch. Es gab kaum Bereitschaft und keine durchführbare Strategie, mit der NS-Vergangenheit zu brechen. Mein Großvater führte als ehemaliger „Illegaler" die Tischlerei unbehelligt weiter.

In Tirol und Vorarlberg – der französischen Zone – wurden bis 15. September 1946 insgesamt 9 440 Personen interniert, das waren 14,4 Prozent der registrierten Nationalsozialisten. Es gab große Internierungslager in Lochau, Brederis und Bludenz und kleinere Anhaltelager mit Arbeitskommandos. „Säuberungen" waren in der Praxis schwierig. Zur „Säuberungskommission" des Landes gehörten acht Mitglieder, die unter der NS-Herrschaft besonders leiden mussten. Noch schwieriger war der Umgang mit NS-Funktionären und NS-Wirtschaftsverantwortlichen.

Die Industriellen gehörten fast durchwegs zur Kategorie der „Schwerbelasteten", die aber brauchte man für den Wiederaufbau. Vom Wahlrecht waren zunächst alle registrierten Personen ausgeschlossen. NSDAP-Mitglieder waren eigentlich zum Vermögensverfall verurteilt, aber auch das wurde nicht durchgeführt, ebenso wurden Strafen erlassen. Man führte zwei Kategorien von Nationalsozialisten ein. Wer gewisse Bedingungen erfüllte, kein hohes Amt innehatte und sich persönlich nichts zuschulden kommen ließ, wurde gestrichen. Das Verbotsgesetz wurde aufgeweicht. Die Spannungen zwischen den Westalliierten und der Sowjetunion stiegen. Der Kalte Krieg zeichnete sich ab. Die Großparteien fingen langsam an, um Mitglieder zu buhlen.

Immerhin galt es, Wählerinnen und Wähler zu gewinnen. Und wir vergruben unsere Geschichten und schwiegen. Nur hinter Gartenzäunen hörten wir gern über andere munkeln: „Des isch a reachte Hitlare gsi."

Anmerkungen

1 Franz J. Huber: 100 Jahre Telefon bei F. M. Hämmerle in Dornbirn. Die erste Fernsprechanlage in Österreich-Ungarn. Montfort, Jg. 33, 1981, H. 2, S. 164–171, S. 164
2 Tagebuch Leopold Pum, Privatbesitz
3 Zit. n. Harald Walser: Der Tod eines Staatsdieners. Hugo Lunardon und der Nationalsozialismus in Dornbirn, in: Dornbirner Statt-Geschichten. Kritische Anmerkungen zu 100 Jahren politischer und gesellschaftlicher Entwicklung. Hg. von Werner Bundschuh/Harald Walser. Bregenz 1987, S. 210–242, S. 217f.
4 Tagebuch Leopold Pum, Privatbesitz
5 Tagebuch Leopold Pum, Privatbesitz
6 Tagebuch Leopold Pum, Privatbesitz
7 Zit. n. Meinrad Pichler: Nationalsozialismus in Vorarlberg. Opfer – Täter – Gegner. Innsbruck 2012, S. 88
8 Zit. n. Walser 1987, S. 231
9 Zit. n. Walser 1987, S. 234
10 Zit. n. Walser 1987, S. 234
11 Zit. n. Walser 1987, S. 235
12 Zit. n. Ingrid Böhler: Dornbirn in Kriegen und Krisen 1914–1945 (= Innsbrucker Forschungen zur Zeitgeschichte 23). Innsbruck/Wien/Bozen 2005, S. 170
13 Brief Privatbesitz Hermann Kramer
14 Zit. n. Böhler 2005, S. 173
15 Tagebuch Leopold Pum, Privatbesitz
16 Tagebuch Leopold Pum, Privatbesitz
17 Zit. n. Ingrid Böhler: Dornbirn 1914–1945. In: Werner Matt/Hanno Platzgummer (Hg.): Geschichte der Stadt Dornbirn, Bd. 2, 2002, S. 131–245. S. 225
18 Zit. n. Werner Bundschuh: Bestandsaufnahme: Heimat Dornbirn 1850–1950 (= Studien zur Geschichte u. Gesellschaft Vorarlbergs, Bd. 8). Bregenz 1990, S. 242f.
19 https://www.malingesellschaft.at/aktuell/weiteres/zwangsarbeit/23.12.2008-zuerst-verschleppt-dann-in-der-heimat-bestraft
20 Vgl. Böhler 2005, S. 163
21 Pichler 2012, S. 240. Böhler 2005, S. 17
22 https://de.wikipedia.org/wiki/Carl_Lampert
23 Zit. n. Johann-August-Malin-Gesellschaft (Hg.): Von Herren und Menschen. Verfolgung und Widerstand in Vorarlberg 1933–1945, Bregenz 1985, S. 71
24 Nachruf der „Vorarlberger Tageszeitung“ vom 12.9.1972
25 https://www.malingesellschaft.at/aktuell/weiteres/abschiedsrede-fuer-august-weiss
26 Interview Irmgard Kramer mit Uli Zumtobel, Dornbirn, 5.5.2021. Das gesamte Kapitel mit Ausnahme des ersten Absatzes basiert auf diesem Gespräch.
27 Martin Achrainer/Niko Hofinger: Familie Turteltaub, Lustenauerstraße 3. Zur Ausstellung des Stadtmuseums und des Stadtarchivs Dornbirn im November 1996, in: Dornbiner Schriften (1996), Heft 22, S. 133–148, S. 140
28 Ebd.
29 Interview mit Hildegard Schweidler, 1995, Stadtarchiv Dornbirn, Archiv der mündlichen Geschichte
30 Zit. n. Wilhelm Stärk: Geschichte der Dornbirner Realschule. Bregenz 1991, S. 207
31 Zit. n. Stärk 1991, S. 226
32 Zit. n. Stärk 1991, S. 223

33 Zit. n. Meinrad Pichler und Harald Walser: Die Wacht am Rhein. Alltag in Vorarlberg während der NS-Zeit (= Studien zur Geschichte und Gesellschaft Vorarlbergs, Bd. 2). Bregenz 1988, S. 120
34 Zit. n. Peter Melichar: Otto Ender 1875–1960. Landeshauptmann, Bundeskanzler, Minister. Untersuchungen zum Innenleben eines Politikers. Wien/Köln/Weimar 2018, S. 151
35 Briefe im Privatbesitz
36 Zit. n. Böhler 2005, S. 177
37 Zit. n. Böhler 2005, S. 177
38 Zit. n. Werner Bundschuh: Bestandsaufnahme: Heimat Dornbirn 1850–1950 (= Studien zur Geschichte u. Gesellschaft Vorarlbergs, Bd. 8). Bregenz 1990, S. 210
39 https://www.erinnern.at/bundeslaender/vorarlberg/unterrichtsmaterialien/307_bericht-wieland-1946.pdf
40 Zit. n. Johann-August-Malin-Gesellschaft 1985, S. 90
41 https://lexikon.dornbirn.at/startseite/personen/opfer-des-nationalsozialismus/gutensohn-johann/
42 Zit. n. Johann-August-Malin-Gesellschaft 1985, S. 92f.
43 Ina Friedmann: „Man könnte direkt zweifeln, ob der Frager oder die Befragte schwachsinnig ist!" Zwangssterilisierungen und Zwangskastrationen im Gau Tirol-Vorarlberg unter besonderer Berücksichtigung der Beteiligung der Universität Innsbruck, Endbericht des Forschungsprojekts „Unfruchtbarmachung" und „freiwillige Entmannung". Die Innsbrucker Universitäts-Kliniken und die Erbgesundheitsgerichte des Reichsgaues Tirol und Vorarlberg, Universität Innsbruck 2020, S. 54
44 Friedmann 2020, S. 116
45 Friedmann 2020, S. 103
46 Vorarlberger Wacht. 12.1.1928, S. 3
47 Ebd.
48 Diese Informationen entstammen Zeitungsartikeln des „Südkuriers" der Jahre 1983/84, enthalten in: Stadtarchiv Dornbirn, 13-Projekte, Ordner „NS-Opfer-Ehrung"
49 Autobiografischer Lebenslauf von Adolf Pasler, Frühjahr 1930, Akt Adolf Pasler, Bestände der Valduna, Vorarlberger Landesarchiv
50 Alle Zitate aus Briefen in Privatbesitz Familie Kramer
51 Alois Niederstätter: Vorarlbergs Medien in der Nachkriegszeit, https://themavorarlberg.at/kultur/vorarlbergs-medien-der-nachkriegszeit
52 https://de.wikipedia.org/wiki/Blockleiter

Quellen

Achrainer, Martin und Hofinger, Niko: *Familie Turteltaub.* Dornbirner Schriften, Beiträge zur Stadtkunde, Bd. 22

Böhler, Ingrid: *Dornbirn 1914–1945.* In: Werner Matt, Hanno Platzgummer (Hg.): Geschichte der Stadt Dornbirn, Band 2. Dornbirn 2002, S. 131–245

Böhler, Ingrid: *Dornbirn in Kriegen und Krisen 1914–1945.* Innsbrucker Forschungen zur Zeitgeschichte, Bd. 23. Innsbruck 2005

Bundschuh, Werner und Walser, Harald (Hg.): *Dornbirner Statt-Geschichten.* Kritische Anmerkungen zu 100 Jahre politischer und gesellschaftlicher Entwicklung. Studien zur Geschichte und Gesellschaft Vorarlbergs, Bd. 2. Bregenz 1987

Bundschuh, Werner, Pichler, Meinrad und Walser, Harald (Hg.): *Wieder Österreich! Befreiung und Wiederaufbau.* Vorarlberg 1945. Bregenz 1995

Bundschuh, Werner und Mittersteiner, Reinhard: *Verein Arbeiterheim Dornbirn.* Dornbirner Schriften. Beiträge zur Stadtkunde 22. Dornbirn 1996

Bundschuh, Werner: *August Weiß (1921–2008)* – Moorsoldat Nr. 503/41. „Es soll keiner mehr das erleben, was ich erlebt habe“, in: Platzgummer Hans, Bitschnau, Karin, Bundschuh, Werner (Hg.): „Ich kann einem Staat nicht dienen, der schuldig ist...“ Vorarlberger vor den Gerichten der Wehrmacht. Dornbirn 2011, S. 37-49

Bundschuh, Werner: *Wer war August Weiß?* Erinnern und Vermitteln. Unterrichtsmaterialien zum Widerstandsmahnmal. 2015

Bundschuh, Werner und Matt, Werner (Hg.): *Menschen und Ideologien.* Die 1930er und 1940er Jahre in Tagebüchern und Erinnerungen von Anton Thurnher, Adolf Wohlgenannt und Heino Laschitz. Dornbirner Schriften. Beiträge zur Stadtkunde 46. Dornbirn 2018

Dornbirn III, 1900–1955, Stadtgeschichte. Dornbirner Schriften. Beiträge zur Stadtkunde IX. Dornbirn 1990

Fessler, Klaus und Matt, Werner (Hg.): *Rüsch-Werke Dornbirn. Der bedeutendste Metallbetrieb Vorarlbergs im Industriezeitalter.* Dornbirn 2017

Friedmann, Ina: *„Man könnte direkt zweifeln, ob der Frager oder die Befragte schwachsinnig ist!“* Zwangssterilisierungen und Zwangskastrationen im Gau Tirol-Vorarlberg unter besonderer Berücksichtigung der Beteiligung der Universität Innsbruck, Endbericht des Forschungsprojekts „Unfruchtbarmachung“ und „freiwillige Entmannung“. Die Innsbrucker Universitäts-Kliniken und die Erbgesundheitsgerichte des Reichsgaues Tirol und Vorarlberg. Universität Innsbruck 2020

Hagen, Nikolaus: *Antisemitismus in Vorarlberg 1933–1938.* Antisemitismus in Österreich 1933–1938, in: Gertrude Enderle-Burcel und Ilse Reiter-Zatloukal (Hg.): Antisemitismus in Österreich 1933–1938. Wien/Köln/Weimar 2018, S. 963–976

Huber, Franz J.: *100 Jahre Telefon bei F. M. Hämmerle in Dornbirn.* Die erste Fernsprechanlage in Österreich-Ungarn. Montfort, Jg. 33, 1981, H. 2, S. 164–171

Johann-August-Malin-Gesellschaft (Hg.): *Von Herren und Menschen.* Verfolgung und Widerstand in Vorarlberg 1933–1945. Beiträge zu Geschichte und Gesellschaft Vorarlbergs, Bd. 5. Bregenz 1985

Mähr, Gert: *Schulzeit unter den Bedingungen einer Diktatur.* Erinnerungen eines Feldkircher Gymnasiasten (1939 bis 1947). In: Ulrich Nachbaur und Alois Niederstätter (Hg.): Aufbruch in eine neue Zeit. Vorarlberger Almanach zum Jubiläumsjahr 2005. Bregenz 2006, S. 299–303

Matt, Werner und Rhomberg, Harald (Hg): *Dornbirn und der Erste Weltkrieg.* Dornbirner Schriften. Beiträge zur Stadtkunde 48. Dornbirn 2020

Melichar, Peter: *Otto Ender 1875–1960.* Landeshauptmann, Bundeskanzler, Minister. Untersuchungen zum Innenleben eines Politikers. Wien/Köln/Weimar 2018

Pichler, Meinrad und Walser, Harald: *Die Wacht am Rhein.* Alltag in Vorarlberg während der NS-Zeit. Studien zur Geschichte und Gesellschaft Vorarlbergs, Bd. 2. Bregenz 1988

Pichler, Meinrad: *Nationalsozialismus in Vorarlberg.* Opfer - Täter – Gegner. Nationalsozialismus in den österreichischen Bundesländern, Bd. 3. Innsbruck 2012

Schreiber, Horst und Bibermann, Irmgard: *Von Innsbruck nach Israel.* Der Lebensweg von Erich Weinreb/Abraham Gafni. Studien zu Geschichte und Politik, Bd. 16, und Veröffentlichungen des Innsbrucker Stadtarchivs, NF 54. Innsbruck/Wien/Bozen 2014

Stärk, Wilhelm: *Geschichte der Dornbirner Realschule.* Bregenz 1991

Stöckle, Thomas: *Grafeneck 1940.* Die Euthanasie-Verbrechen in Südwestdeutschland. Tübingen 2002

Walser, Harald: *Die Hintermänner.* Vorarlberger Industrielle und die NSDAP 1933–1934. In: Meinrad Pichler (Hg.): Nachträge zur neueren Vorarlberger Landesgeschichte. Bregenz 1982, S. 96–106

Walser, Harald: *Die illegale NSDAP in Tirol und Vorarlberg 1933–1938.* Ludwig Boltzmann Institut für Geschichte der Arbeiterbewegung. Materialien zur Arbeiterbewegung Nr. 28. Wien 1983

Walser, Harald: *Der Tod eines Staatsdieners.* Hugo Lunardon und der Nationalsozialismus in Dornbirn, in: Werner Bundschuh und Harald Walser (Hg.): Dornbirner Statt-Geschichten. Kritische Anmerkungen zu 100 Jahren politischer und gesellschaftlicher Entwicklung. Bregenz 1987, S. 210–242

Walser, Harald: *Bombengeschäfte.* Vorarlbergs Wirtschaft in der NS-Zeit. Studien zur Geschichte und Gesellschaft Vorarlbergs, Bd. 6. Bregenz 1989

Weber, Wolfgang: *Von Tätern und Opfern der NS-„Euthanasie" im Bregenzerwald.* In: Virus. Beiträge zur Sozialgeschichte der Medizin. Bd. 8, Wien 2009, S. 181–193

Folder Lampert Kapelle 2.11.2012

Verabschiedung von August Weiß. Abschiedsrede für das Ehrenmitglied der J.-A.-Malin-Gesellschaft, Todesanzeige (VN, 16.8.2008) und Nachruf (VN, 29.8.2008)

Comenius-Projekt *„Spurensuche: NS-Verfolgung und Widerstand in Vorarlberg – Deutschland – Italien 1943 – 1945".* Teil: Verfolgung und Widerstand in Vorarlberg 1943–1945. 8. BG/BR-Klasse, BG Dornbirn (Prof. Dr. Werner Bundschuh). Wahlpflichtfach Geschichte 7. Klasse (Prof. Mag. Gertrud Leimser), Schuljahr 2004/2005

Archive

Stadtarchiv Dornbirn, Archiv der mündlichen Geschichte

Vorarlberger Landesarchiv, Bestände der Valduna

Tagebücher

Hermann Kramer: Familienchronik. Privatbesitz

Leopold Pum: Erinnerungen aus meinem Leben. Privatbesitz

Interviews

Interview Irmgard Kramer mit Walter Rümmele, Dornbirn, 4.5.2021

Interview Irmgard Kramer mit Uli Zumtobel, Dornbirn, 5.5.2021

Zur Autorin

Irmgard Kramer wuchs in Dornbirn mit zwei Schwestern auf. Sie ging im Edlach und im BRG/BORG Schoren zur Schule und unterrichtete bis 2010 an der Volksschule Oberdorf. Zehn Jahre lang verschickte sie Manuskripte, die von Verlagen abgelehnt wurden, bis sie eine Literaturagentin fand. Heute ist sie freie Autorin und lebt in Wien. Ihre Bücher erscheinen in großen Verlagen und wurden in viele Sprachen übersetzt. 2019 gewann sie den Österreichischen Staatspreis für Kinder- und Jugendliteratur.